KB025544

비바 그레이

5060이 신나게 노는 36가지 방법

비바 그레이

초판 1쇄 인쇄 2019년 6월 19일
초판 1쇄 발행 2019년 6월 27일

지은이 홍동수

발행인 백유미 조영석
발행처 (주)라온아시아
주소 서울특별시 서초구 효령로 34길 4, 프린스효령빌딩 5F

등록 2016년 7월 5일 제 2016-000141호
전화 070-7600-8230 **팩스** 070-4754-2473

값 15,000원
ISBN 979-11-89089-99-3 (04320)
       979-11-89089-75-7 (세트)

라온북은 독자 여러분의 소중한 원고를 기다리고 있습니다. (raonbook@raonasia.co.kr)

5060이 신나게 노는 36가지 방법

VIVA GREY

비바그레이

홍동수 지음

RAON
BOOK

새로운 시대의 여가는 지금까지와 달라야 한다

100세 시대가 열린 지금, 이제는 시니어들만의 '워라밸'이 필요하다. 젊을 때와 마찬가지로 활발한 사회생활을 하면서 지치기 쉬운 몸과 정신을 쉬어주어야 하지만, 정작 시니어들을 위한 취미 콘텐츠는 빈약하다. 아름답게 나이 들기 위해 정신을 가다듬는 일도 중요하지만, 약해지기 쉬운 몸을 단련할 수 있는 활동도 빠트려서는 안 된다.

이렇듯 여가의 중요성이 점점 더 강조되고 있는 흐름 속에서 홍동수 저자만큼 다양하며 깊이 있는 취미를 즐기는 사람은 드물다. 홍동수 저자는 명상, 사진찍기, 산책 같은 정신적인 여가 활동부터 역동적인 액티비티까지 모든 취미 분야를 섭렵한 '취미의 전문가'라고 할 수 있다. 쉽게 도전하기 어려운 패러글라이딩부터 음악적 감성을 드러내는 인디 밴드 활동까지, 그의 행보는 나이를 잊게 할 만큼 놀랍다.

한 번 사는 인생을 더욱 신나게 즐기는 '욜로' 그 자체인 홍동수 저자의 행보를 따라가다 보면 이 시대를 살아가는 시니어들의 풍요로운 삶을 위한 롤 모델이 무엇인지 알게 된다. 그가 즐기는 활동들을 따라가다 보면 일에만 매몰되어 인생에서 '신나게 노는' 데 익숙지 않았던 시니어들도 더욱 풍부하고 다채로운 활동을 즐길 수 있을 것이다.

가삼현(현대중공업 대표이사)

"일할 때는 열심히, 놀 때는 신나게"

어린 시절부터 아버지로부터 여러 차례 들어온 말이다. 지난 시간을 돌아보면 열심히 일하라는 조언은 실천한 것 같다. 그러나 신나게 놀지는 못했다.

대부분의 시니어들이 나와 비슷한 삶을 살았을 것이다. 이런저런 이유로 신나게 인생을 즐길 여유는 없었다고 변명할 것이다. 그러다 보니 우리 한국인의 행복지수는 다른 선진국에 비해 떨어지는 편이다.

젊은 시절부터 알아왔던 홍동수 저자는 보통 사람과는 다른 삶을 살아왔다. 항상 어린이와 같은 호기심과 도전 정신으로 눈망울이 빛났다. 일과 레저를 진정으로 다이내믹하고 풍성하게 즐기며 살아왔다고 할까. 그래서 홍동수의 액티브한 인생 이야기는 재미가 있다. 이 책에는 자신이 가보지 못한 세계를 탐험하는 즐거움이 있다.

인생 2막을 준비하며 역동적인 삶을 살려는 액티브 시니어들에게 일독을 권한다. 책 속에서 분명 미래의 삶에 대한 새로운 통찰을 얻을 것이다.

정수현(프로바둑기사 9단 · 명지대 바둑학과 교수)

지나면 다시 오지 않는 인생, 즐기자

1977년 봄, 대학 신입생으로 캠퍼스를 거닐 던 어느 날 딥퍼플의 '하이웨이 스타'가 내 귀를 때렸다. 드럼과 베이스 그리고 현란한 기타 사운드에 매료되어 인드키(INDKY) 연습실을 찾았던 것이 저자와의 첫 대면이다. 그는 인드키 1기 베이스 주자였고 그때의 인연으로 나는 2기 베이스기타 주자가 되었다.

그로부터 40년이 훌쩍 넘었지만 여전히 우리는 음악과 함께 삶을 즐기고 산다. 저자는 평생 토목기사로서 사업가로서 열심히 일하고 살아왔지만 늘 긍정적이고 즐거운 마음을 가진 사람이다. 지금 생각해 보니 그와 만나는 동안 단 한 번도 그가 얼굴을 찡그리거나 화를 내는 것을 본 적이 없다. 아마도 많은 놀거리에 취해 화를 낼 여유가 없었던 모양이다. 틈틈이 산악자전거를 타고, 여행을 다니고, 패러글라이더에 스킨스쿠버, 경비행기까지 즐기고 다니니 화날 틈이 있겠는가.

캔 로빈슨은 타고난 재능이 열정을 만나는 지점을 '엘리먼트'라고 정의했다. '엘리먼트' 상태가 되면 시간 가는 줄 모르며 몰입하고 어느 순간 세상을 다 가진 것 같은 상태가 된다. 이러한 '엘리먼트'를 자주 경험하는 사람이 행복한 사람이다.

한 번 지나면 다시 오지 않는 인생이다. 후회하지 말고 즐기자. 부딪

치고 경험하고 실수하고 다시 도전하고 이런 과정을 통해 우리는 진정 내면으로부터 솟구치는 뜨거운 삶의 의미를 맛볼 때가 온다. 그때 비로소 후회하지 않는 삶을 맞이하는 것이 아닐까. 저자는 그런 멋진 삶을 한평생 살아왔고 또 살아갈 것이다. 그의 삶을 엿보는 것만으로도 즐거운 일이 되리라 생각한다.

전하진 (블록체인협회 자율규제위원장·19대 국회의원·전 한글과컴퓨터 대표이사)

겁 없는 시니어의 끝없는 도전

홍동수는 이영돈과는 다른 인간이다. '동수'는 '영돈'보다 이름은 촌스럽지만 하는 짓을 보면 이영돈보다는 훨씬 멋있게 산다. 홍동수 저자는 내가 살고 싶은 삶, 내가 즐기고 싶은 삶을 산다. 부럽다. 그렇다고 살아온 과거를 보면 논 것만도 아니다. 번듯한 직장도 잘 다녔고 나처럼 못 놀고 일만 한 사람들이 누렸을 정상적인 삶도 다 누렸다. '일할 것 다 하고 놀 것 다 논' 비결은 저자도 말하다시피 '하고 싶은 일 망설이지 말고 저지르고 살자!'는 모토에 있다. 동수가 하고 영돈이가 못한 것이 바로 저것이다.

나는 놀고 싶어도 일이 걱정이 돼서 놀지 못했고, 하늘을 새처럼 나는 패러글라이딩을 보면서 '나도 저거 해보고싶다'고 생각하면서도 저지르지 못하고 부러워만 했다. 산악자전거를 타면서 '야, 저 자전거 비싸다던데', '저렇게 타도 허리가 괜찮을까?'라고 걱정만 했지 산악자전거 근처에도 가지 못했다. 경비행기를 타고 저 높은 곳을 올라가보고 싶었지만 겁이 나서 엄두도 못 냈다. 암벽등반 정말 해보고 싶었는데 겁이 나서 못했다. 승마를 보면 애마도니가 되고 싶었는데 승마하다 떨어져 전신마비가 된 슈퍼맨 크리스토퍼 리브가 생각나 타지 못했다.

저자는 내가 겁이 나서 못한 것들을 겁도 없이 해냈다. 그것도 즐기면서. 부러운 사람이다. 무서운 사람이다. 자기는 이미 다해보고 나이든 사람들에게 이제라도 늦지 않았으니 해보란다. 맞다. 많은 것을 겪고 난 이 나이에는 저자 말처럼 겁도 없이 한번 도전해볼 필요도 있겠다. 나도 저자처럼 다 해보고 80살에 책을 써보련다. 아직도 겁이 나서 놀지 못하는 시니어를 위해서.

우선 홍동수의 책을 읽는 것으로 놀이학습을 시작하련다. 놀고 싶은 여러분께도 열독을 권한다.

이영돈(PD · 더콘텐츠메이커 대표)

원조 워라밸러의 저력

내가 중학생 때다. 외할아버지 회갑연이 있었다. 많은 하객이 와서 큰 상을 차리고 자식들이 차례로 절하고 잔을 올렸다. 그런데 요즘은 어떤가? 회갑연은커녕 칠순 잔치도 건너뛴다. 생각이 젊어졌고 시대가 젊어졌다. 청바지 시니어들이 늘고 있다.

'나이 육십은 두 번째 서른 살'이란 말이 있다. 나는 저자와 50년 넘게 함께해 온 죽마고우다. 삼십 대 시절의 그와 요즘의 그를 모두 알고 있다. 어쩌면 그렇게 달라진 것이 없을까? 아니 어떻게 그렇게 '신나는 일' 들을 하나하나 더해가고 있을까? 그는 산을 타고 MTB를 타고 수상스키를 타고 경비행기를 타고 말을 타고 패러글라이더를 탄다. 무선통신 햄(HAM)을 하고 프라모델을 하고 스쿠버다이빙을 하고 참선을 하고 심리치유를 하고 여행도 한다.

대학 시절엔 밴드를 만들어 베이스기타를 맡아 연주했고 그 밴드는 40년 넘게 이어지면서 요즘도 매년 정기공연, 초청공연을 이어가고 있다. 물론 음반도 냈다.

그러나 오해하지 마시라. 그가 본연의 일을 소홀히 했을까? 아니다. 그는 국내 굴지의 건설회사에서 수십 년을 근무했다. 그가 놓은 고속도로 터널 교량만 해도 전국 각지에 여러 개다. 회사 중역으로 은퇴한 지금도 그는 일을 놓지 않고 있다. 그야말로 원조 '워라밸러'다.

이 한 권의 책에는 그가 들어 있다. 라보(羅寶) 홍동수다. 라보는 '브라보'의 라보다. 라보는 그의 호(號)다.

조문형(카피라이터·중앙대학교 광고홍보학과 객원교수)

다 큰 어른, 놀이에 빠지다

은퇴 후 제일 먼저 해결해야 할 문제는 경제적인 자유이지만 그 못지
않게 삶의 의미를 찾는 작업도 중요하다. 은퇴 후 갑자기 늘어난 여유
시간이야말로 신의 선물이자 오롯이 자신과 배우자만을 위하여 쓸 수
있는 귀한 시간이다.

그동안 진정한 놀이 문화를 경험하지 못하고 열심히 살아온 우리 세
대는 논다는 것에 대하여 죄책감 비슷한 것을 느낄 수 있다. 그러나 '뛰
는 놈 위에 나는 놈 있고, 나는 놈 위에 노는 놈 있다'는 말이 있듯이, 이
제는 잘 놀 수 있는 지혜도 필요하다.

평균수명이 늘어난 덕에 지금의 은퇴 세대는 예전의 청년 못지않은
건강과 외모를 유지하고 있다. 또 부모 세대보다 더 많은 부를 누리고,

자녀 부양에서도 자유로운 편이다. 이 책은 호기심과 도전 정신으로 삶의 재미를 찾는 활기찬 시니어들에게 하고 싶은 놀이를 마음껏 해보라는 용기를 주기 위해 썼다. 잘 노는 노후는 그 자체로 아름답고 때로는 스무 살 청년보다 더 청춘일 수 있다. 지금까지는 가족과 사회생활에 충실하느라 자신을 위한 시간을 못 냈지만 이제부터는 놀이를 통하여 자신의 존재 가치를 찾아보자.

천상병 시인은 자신의 시에서 이 세상에 소풍 나왔다고 썼지만, 나는 재미있게 놀기 위해서 세상에 나왔다고 감히 주장한다.

생각을 바꾸면 은퇴 이후부터가 진정 나 자신을 위한 시간이며, 재미난 놀이를 하기에 최고의 기회다. 그때부터가 자신을 위한 시간이며 자기 인생의 황금기다. 그동안 못했던 여러 가지를 할 수 있는 절호의 찬스다. 버킷리스트를 작성해 하고 싶은 일을 적고, 새로운 취미생활에 도전하자. 젊은이들이 하는 여러 가지 레포츠도 얼마든지 시도할 수 있다. 문제는 일단 시작을 하느냐 안 하느냐에 달려 있다. 일단 저질러 보면 수습은 된다. 머릿속으로 놀아야지 하고 생각하기보다는 일단 집 밖으로 나가서 무엇이든 해보자. 이 나이에 두려울 게 무엇인가?

사랑하는 배우자와 함께 여행도 다니고 등산도 하고 자전거도 타고 스쿠버다이빙을 하고 항공 스포츠도 즐기자. 외국어를 배워도 좋고 요리를 배워도 좋다. 각종 자격증이며 수료증에도 도전해보자. 이러한 '액티비티'를 통해 남은 삶의 의미를 찾을 수 있다. 놀이는 우리의 원초적 본능이다. 이제 본능에 충실하여 인간답게 살아보자.

젊었을 때 느낀 놀이의 재미와 나이 들어서 느낀 놀이의 재미는 다를 수 있다. 어쩌면 진정한 재미는 나이 들어서 느끼는 재미일 것이다. 우리는 젊은이들이 갖지 못한 인생의 진정한 멋을 안다. 인생의 성공은 인생 후반이 결정한다. 젊어서 아무리 잘나가도 인생 후반이 꼬이고 힘들면 잘 살아온 인생이라고 할 수 없다. 인생 후반에 재미있게 잘 노는 사람이 성공한 사람이다.

　나는 바쁜 건설 현장에서 많은 시간을 보내면서도 끝없는 호기심으로 재미난 일이 있으면 어디든 달려갔다. 레포츠든 취미생활이든 빼놓지 않고 열심히 했다. 폭넓게 즐기면서도 깊이를 가지고 놀이의 진정한 기쁨을 찾으려고 노력했다.

　이 책에는 시대를 앞서 놀이를 실천해온 '놀이 전문가'들을 많이 소개했다. 내 지인이자 친구들이기도 한 이 활동적인 시니어들은 이 시대에 우리가 왜 잘 놀아야 하는지에 대해서 냉철하게 진단을 내려줄 것이며, 또 그들 자신의 개인적인 욕망과 현재의 라이프 스타일을 생생하게 들려줄 것이다. 비록 나이는 먹었지만 여전히 건강하고 능력 있는 활동적인 시니어들이 '잘 노는' 사람이 된다면, 그들은 드디어 완벽한 인생을 누리는 첫 번째 세대가 될 것이다.

　우리에게 아직도 뭔가 시도할 용기가 없다면 나머지 삶이 무슨 의미가 있겠는가? 이제껏 한 번이라도 가슴 뛰는 하루를 맛보지 못했다면 지금이야말로 절호의 기회다. 새로운 레포츠에 도전하고 배우면서 매일매일을 새롭게 맞이하자. 오늘은 또 어떤 재미난 일이 있을지 두근거림으로 아침을 열어보자.

덧붙여 책에는 '놀이'를 즐기기 전에 반드시 해야 할 것과 알아두면 잘 놀 수 있는 정보도 함께 담았다. 만약 여러분이 아직 은퇴 전의 40~50대라면 이 책은 여러분에게 은퇴 후 노는 삶을 위한 좋은 참고 자료가 되어줄 것이다. 이제부터 나머지 시간은 우리 시니어들 편이다. 누군가에게 매인 삶이 아닌, 자신이 영화감독이자 주인공이 되어 '아름다운 영화' 같이 살아볼 차례다. 각본도 연출도 자신이 쓰고 촬영도 편집도 자신이 내키는 대로 하는 것이다. 멋진 영화배우로서 최고의 삶을 살아보자.

한 번뿐인 삶을 열심히 살아온 그대여, 이제는 그대를 위하여 즐겁게 하고 싶은 일을 하면서 멋지게 살아보자. 이제부터 시작이다!

차례

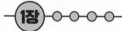

은퇴 후 왜 잘 놀아야 하나?

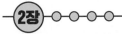

놀기 전 반드시 해야 할 것

3장

행동주의자를 위한 놀이

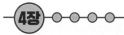

정신적 활동을 위한 놀이

·1장·

은퇴 후
왜 잘 놀아야 하나?

나는 원조 욜로
액티비스타다!

　'일과 삶의 균형(Work-life balance)'이라는 표현은 1970년대 후반 영국에서 개인의 업무와 사생활 간의 균형을 묘사하는 단어로 처음 등장했다. 우리나라에서는 각 단어의 앞 글자를 따서 '워라밸'이라고 한다. 워라밸은 보수에 관계없이 높은 업무 강도에 시달리거나, 퇴근 후 SNS로 하는 업무 지시, 잦은 야근 등으로 개인적인 삶이 없어진 현대사회에서 직장이나 직업을 선택할 때 고려하는 중요한 요소가 되었다. 일과 개인 시간을 분리하여 가족 단위의 여가와 휴식을 즐기는 세태를 반영하는 용어라고 할 수 있다.

　이와 비슷한 생활 방식으로 젊은이들이 좋아하는 욜로(YOLO)라는 말도 있다. '인생은 한 번뿐이다'를 뜻하는 'You Only Live Once'의 앞 글자를 딴 용어로 현재 자신의 행복을 가장 중시하는 태도를 말한다. 미래 또는 남을 위해 희생하지 않고 현재의 행복을 위해 소비하는 라이프 스타일로 정의 내릴 수 있다. 욜로는 불확실한 미래보다는 지금 이 순간을 사랑하려는 긍정적인 마음에서 나오는 삶의 태도이므로, '욜로족'은 취미생활이나 본인의 만족을 위해 기꺼이 투자하는 인생을 산다.

대학에서 토목을 전공한 나는 졸업 후 곧바로 건설회사에 입사해 현장 근무를 주로 했다. 그땐 거친 현장 생활이 재미있었다. 당시만 해도 일 잘하는 사람이 술도 잘 마신다는 속설이 있어서 술도 많이 마시고, 자투리 시간에는 사람들과 어울려서 화투 같은 잡기도 많이 했다. 그러나 건강만 해칠 뿐 남는 것은 아무것도 없었다. 고속도로를 건설하고 난 뒤에 통행료 내고 다닐 때는 묘한 기분마저 들었다. 현장 일이 하나하나 끝날 때마다 마치 연극이 끝난 후 무대에서 내려오는 연극배우처럼 허전한 기분이 들었던 것이다. 그래서 새로운 현장 일을 맡을 때마다 남들이 시도하기 어려운 취미생활을 하나씩 해보기로 결심했다.

만능 취미활동가로 살아오다

해외 건설 붐이 불던 1980년대에 나는 중동의 사막 지역에서 근무했다. 당시 휴일마다 지중해까지 차를 몰고 가서 스킨스쿠버를 배웠다. 지구 표면적의 70퍼센트 이상을 차지하는 것이 바다인 데다가 바다 속에는 내가 좋아하는 산이 있었다. 중동에서 배우고 즐긴 스킨스쿠버로 귀국 후부터 본격적으로 회사 내 동호회에 가입해 제주도로 동해안으로 바다 속 여행을 다녔다.

영동고속도로를 건설할 때는 현장 주변에 승마장이 있어서 출근 전한 시간씩 승마를 배웠다. 배우는 사실을 아내에게는 물론이고 아무에게도 이야기하지 않았다. 구설수에 오르기 싫어서였다.

승마는 허리를 꼿꼿하게 세우는 기마 자세가 기본이다. 커다란 말의 등에 올라타면 생각보다 높아서 마치 내가 장군이 된 듯 당당한 기분이 들었다. 운동 효과도 커서 한 시간만 타면 걷기 힘들 정도로 하체 운동이 많이 되었다.

서해안 고속도로를 건설할 때의 일이다. 차량에 무전기를 달고 다녔는데, 안산 경비행기 비행장에서 하늘을 나는 경비행기와 교신하는 소리가 들렸다. 어릴 적부터 비행기에 대한 로망이 있던 나는 무조건 비행장으로 찾아갔다. 교관을 만나 비행 교육에 대한 설명을 듣고 그 자리에서 계약금만 내고 등록해버렸다. 나중에는 그 계약금이 아까워서 결국 비행을 배우고 초경량 항공기 조종 라이선스를 땄다. 그 뒤로는 휴일마다 경비행기를 직접 조정하며 건설 중인 서해안 고속도로를 하늘에서 촬영하여 현장 브리핑용으로 활용했다. 요즘엔 드론으로 항공 촬영을 하지만 그 당시에는 항공 촬영이 쉽지 않았기에 내 항공 촬영 자료는 꽤 쓸모가 있었다.

우리나라 서해안 바닷가는 1년 내내 서풍이 불고 장애물이 없으며, 바람이 거칠지 않아서 항공 스포츠를 즐기기에 적합하다. 그래서 패러글라이딩을 연습하기 좋고, 너른 갯벌은 경비행기 이착륙장으로 적격이다. 마침 경비행기 교관이 패러글라이딩 교관까지 겸하고 있어서 유럽 알프스 여행할 때 보았던 패러글라이딩도 배울 수 있었다. 힘든 등산 후 산에서 뛰어내리는 패러글라이딩의 묘미는 엔진을 단 경비행기를 탈 때와는 다른 완벽한 자유와 해방감을 주었다.

중학교 때부터 즐기던 등산은 고등학교 들어와 좋은 선배님들을 만난 덕분에 본격적인 암벽등반 교습으로 이어졌다. 북한산의 선인봉과 인수봉을 주로 등반했으며, 설악산 천화대와 울산암에서 개척 등반을 하기도 했다. 대학교 다닐 땐 산악부에 가입해서 개교 50주년 기념으로 에베레스트에 원정 등반대 지원팀으로 다녀왔다. 자랑스러운 후배들은 에베레스트 등정을 포함한 육대륙 최고봉을 무사고 등정으로 마쳤다. 사회인이 되어서는 현장 생활이 끝나고 본사로 복귀하면서 직장 산악회에 가입하여 산악회 집행부를 이끌고 매주 등산을 즐겼다.

산은 단순한 등반 대상이 아니라 내 삶의 거의 전부다. 모든 취미활동과 레포츠의 시발점이 바로 산이었다. 암벽등반에서 느낀 중력으로부터의 자유가 항공 스포츠를 시작하게 했으며, 정상에서 날아서 하산하기 위해 패러글라이딩을 배웠다. 산이 없는 사막에서는 산을 찾기 위해 스킨스쿠버를 배워 바다 속으로 들어갔다. 등반 도중 동료들과 교신할 필요를 느껴 아마추어 무선사 자격증도 땄다.

친구들과 산에서 어울리려고 MTB의 세계에 입문했다. MTB를 타고 해남 땅끝 마을까지 가고 동해안 일주도 했지만 주로 전국 산에 있는 임도를 즐기는 편이다. 등산객이 없을 땐 등산로에서 타고 눈 덮인 겨울 산에서는 스노스키를 즐긴다.

사람들은 대개 산악자전거가 위험하다고 생각하지만 시내나 한강변에서 타는 것보다 충돌 위험이 없으므로 오히려 안전하다. 운동 효과도 크고 심폐 기능도 좋아지며 적절한 속도감과 스릴을 느낄 수 있다. 자전거 타기는 다른 스포츠와 마찬가지로 나이 들어서도 충분히 즐길 수 있는 좋은 취미생활이다.

산에서 타는 스키는 겨울에만 할 수 있는 스포츠이지만 일반 스키보다 다양하게 즐길 수 있다. 차량 지붕에 스키를 매달고 다니기 번거로워서 길이가 긴 알파인 스키 대신 짧은 빅풋(Big Foot) 스키와 1미터가 안 되는 블레이드 스키를 주로 탄다. 스틱도 필요 없고 묘기도 가능하며, 일반 스키 슬로프가 아닌 하프파이프(Half-pipe)와 눈 쌓인 겨울 산에서도 탈 수 있다. 짧은 스냅퀵 스키는 패러글라이딩을 하면서도 탈 수 있다.

대학 다닐 때 몇몇 서클에 가입했는데 가장 재미있었던 것은 요트 타기였다. 3월부터 시작해서 여름 내내 탔다. 요즘은 요트가 많이 보급되어서 서해안의 전곡항이나 한강에서도 요트 타기가 가능하다. 또 요트보다 배우기 쉽고 균형만 잘 잡으면 누구든 탈 수 있는 윈드서핑은 한여름에 물살을 가르며 즐기기에 제격이다.

젊은 시절에는 근육질의 멋진 몸도 원했기에 역도부에 가입해 한동안 활동했다. 그 덕에 학교 축제 때는 온몸에 올리브기름을 바르고 육체미 대회에 나가 입상도 했다. 요즘도 동네 헬스클럽에 나가 틈틈이 근육을 만들고 있다. 내 버킷리스트엔 미스터 코리아 대회 출전하기도 있다. 나이 들면 경쟁자가 줄어서 수상도 가능하지 않을까 내심 기대하고 있다.

내가 학교 다니던 때만 해도 통기타를 못 치면 간첩이라는 말이 있을 정도로 기타 연주가 유행했다. 그래서 학교에서 친구들과 그룹사운드를 결성했고 묵직한 저음의 베이스에 끌려 나는 베이스기타를 연주했다. 악보도 없이 외국의 헤비메탈그룹 음반을 듣고 손가락에 굳은살이 박이도록 연습했다.

그동안 열심히 살아온 그 친구들을 최근에 다시 만나 음악 활동을 재개했다. 다시 악기를 구입하고, 앰프도 준비했다. 단골 연습실에서 우리의 연주를 지켜보던 기획사 사장이 음반을 만들어주었다. 자작곡을 만들어 음반을 무려 2집까지 냈다. 해마다 연말이면 크고 작은 행사에 초대받는다. 멀리 지방까지 가서 공연할 때는 연예인 비슷한 기분도 난다.

다들 젊은 시절부터 음악에 대한 끼와 열정으로 각자의 분야에서 성공한 멋진 친구들이다. 장발에 기타를 둘러메고 학교에서 음악을 연주할 때는 교수님으로부터 "너희들 공부도 안 하고 커서 뭐가 되려고 그러느냐?"라는 핀잔도 들었지만, 지금은 성공한 사업가도 되고 교수도 되었으며 국회의원도 되었다. 요즘도 연습하는 날이면 음악과 더불어 멋진 삶을 사는 친구들과 노는 재미가 크다.

사진 찍기도 계속 이어지는 내 취미생활 중 하나다. 지금은 스마트폰으로 사진을 많이 찍지만 예전엔 필름 카메라를 많이 썼다. 내가 찍은 사진을 직접 현상하고 암실에서 인화하는 과정이 신기하고 재미있었다. 묵직한 필름카메라에 망원렌즈를 달고 사진 찍으러 떠나는 여행도 좋았고, 사진 작품전에 출품하는 재미도 있었다.

호기심으로 여러 가지 취미생활을 하면서 단전호흡과 생식도 했다.

| 신곡을 발표하면 쇼케이스 공연을 하며 음악에 대한 열정을 불태운다.

물론 건강을 위해서였지만, 인간이 가지고 있는 무한한 잠재력에 유난
히 관심이 컸던 탓도 있었다. 그러던 차에 본격적으로 최면을 배울 기
회가 생겼다. TV에서 가끔 최면 장면이 나오면 눈으로 보면서도 참 신
기하다고 생각했는데, 실제 배워보니 그것은 우리가 지닌 잠재 능력의
극히 일부에 불과했다. 나는 실생활에 필요한 최면 치유를 배워서 '국
제 최면 치유사'라는 자격증을 땄다. 지금은 주변에서 힘들어하는 분들
을 치유해주며 보람을 느낀다. 우리 몸은 뛰어난 회복력과 자연 치유력
을 갖고 있음을 이 일을 하면서 새삼 느낀 것도 또 다른 보람이다.

미치지 않으면 미치지 못한다

예전엔 '욜로'나 '워라밸'이라는 용어가 없었다. 그래서 삶의 균형을 생각하는 태도를 표현하는 말이 달리 없었다. 나는 과거에도 현장 일을 하면서 나를 위한 시간과 투자를 게을리하지 않았다. 인생의 의미를 돈 버는 일보다 행복과 가치 있는 재미를 찾는 곳에 더 두었다. 지금 유행하는 욜로와 워라밸을 오래전부터 지켜왔던 셈이다. 막상 해보니 취미 생활은 돈보다는 열정이었다.

이외에도 여행과 전원주택 짓기 등 저지른 일들이 꽤 있다. 하나의 분야를 배울 때마다 제대로 배우려고 노력했다. 백화점식으로 맛만 보는 취미생활은 그 취미의 진정한 맛을 알 수 없다. 그래서 모든 레포츠와 취미활동을 공부하고 연구했다. 모든 것들이 그러하듯이 어느 경지에 다다르지 못하면 진정한 재미를 알 수 없다. 한 가지에 미치지 않으면 도달할 수 없는 이치다. 하지만 반대로 레포츠와 취미에 몰두하느라 다른 방면에는 시간을 할애하지 못했다. 특히 혼자 하는 취미생활이 많다 보니 가족과 함께할 시간이 부족했다. 그래서 역으로 가족과 있는 시간을 최대한 보람 있고 소중하게 보내려고 노력했다. 나중에 아이들한테 좋은 아버지라는 소리보다는, 닮고 싶은 아버지라는 말을 듣고 싶다.

한번 사는 우리 인생을 하고 싶은 일을 하면서 재미있게 살아보자. 머릿속으로만 하면 평생 못 한다. 일단 시작해보자. 안 하고 후회하기보다는 하고 후회하는 것이 낫다.

잘 노는 노후가
아름답다

《논어》〈옹야편〉에는 "아는 자는 좋아하는 자만 못하고, 좋아하는 자
는 즐기는 자만 못하다(知之者不如好之者, 好之者不如樂之者)"라는 말이 나
온다. 마음으로 즐기고 좋아하는 것이 머리로 아는 것보다 훨씬 중요하
다는 뜻이다. 우리 인류 호모 사피엔스가 지금까지 멸종하지 않고 큰
번성을 이루며 생존해올 수 있었던 가장 큰 이유는 이성적인 사고를 하
고 도구를 사용할 수 있었기 때문이다. 그러나 20세기에 들어 시대가
변하면서 인간의 '호모 루덴스'적 특성도 알려지기 시작했다.

호모루덴스란 놀이를 뜻하는 루덴스(Ludens)와 인류를 지칭하는 호
모(Homo)의 합성어다. 네덜란드의 역사학자이자 문화 학자인 요한 하
위징아(Johan Huizinga)가 자신의 저서 《호모 루덴스》에서 주장한 것처

럼 인간은 놀이를 통해 역사적으로 문화를 발전시켜왔다. 당시 이 주장은 문화로 인해 놀이가 만들어졌다는 기존의 학설을 뒤집는 이론이라서 모두를 놀라게 했다. 하위징아는 호기심을 가지고 도구를 사용했던 인류가 놀이를 즐기기 시작했고, 이를 바탕으로 문명을 이룩할 수 있었다고 설명했다. 하위징아가 설파한 인류의 이런 성향은 지금도 지속되고 있으며, 특히 4차 산업혁명 시기에는 이러한 놀이 본능이 더욱 주목받고 있다. 즉 인간은 본성적으로 '호모 사피엔스'가 아니라 '호모 루덴스'라고 말이다. 즉 생각하는 사람 이전에 놀기 위해 태어났다는 것이다. 성경에도 태초에 하나님이 인간을 창조하시고는 인간에게 자신이 만든 아름다운 대자연을 누리고 즐기라고 말하는 대목이 나온다.

사람들은 누구나 노는 걸 좋아한다. 타의에 의해 의무적으로 하는 것이 아닌 스스로 즐기는 것이기 때문이다. 우리가 사는 목적 중의 하나도 궁극적으로는 재미있고 행복하게 살기 위함이다. 그러나 재미있게 노는 삶의 목적은 항상 뒤로 밀려났다. 두 번째 인생을 사는 시니어로서 지금이야말로 잘 놀고 재미있게 사는 계획을 든든하게 세울 때다.

논다는 것은 무엇일까?

우리 때만 해도 공부 안 하고 노는 학생들을 보면 선생님이나 부모님이 놀지 말고 공부하라고 야단치곤 했다. 교실에는 '근면 성실' 같은 급훈이 걸려 있었고, 공부 잘하는 친구들이 성실하다고 칭찬받았다. 어릴 때 읽었던 《개미와 베짱이》 동화는 성실함과 게으름의 상징이 되어 열심히 일한 개미는 칭찬하고, 노래하며 인생을 즐긴 베짱이는 한심하다며 비웃었다. 어른들은 우리에게 젊어 고생은 사서도 한다고 말했고 열심히 앞만 보고 달려야 성공한다고 가르쳤다. 직장을 구하지 못하거나 잠시 일을 쉬고 있는 사람에게 우리는 흔히 '논다'고 말한다. 또 아무것도 안 하고 할 일이 없으면 '지금 놀고 있어'라고 표현한다.

열심히 살아온 우리의 의식 속에 '논다'는 행위는 부정적인 행위로 받아들여지는 게 현실이다. 그래서일까? 나이 들어서 현직에서 물러나 놀고 있으면 죄책감이 느껴진다. 그래서 아직 더 무언가를 해야만 할 것 같고 할 일이 있어야만 허전하지 않을 것 같다.

일반적으로 생각하는 모범적인 삶은 학생 때는 공부를 잘하고, 성인이 되면 취직을 잘해서 좋은 배우자를 만나 화목한 가정을 이루는 것이다. 직장에서도 인정받는 일꾼으로 인정받으며 자식들을 잘 키워야 성공적인 삶으로 받아들여진다. 이렇게 살아온 탓에 노년이 된 우리는 제대로 노는 방법을 모른다. 노는 법을 교육받은 적도 없고, 신나게 놀아본 적도 없다.

그런데 정작 세상은 노후에 잘 놀아야 성공적인 삶이라고 한다. 여유 있는 노년을 보내기 위한 최우선 조건이 건강한 몸으로 다양한 취미활동을 하는 것이라고, 삶에 여유가 생긴 50~60대부터는 잘 놀아야 성공적인 삶이라고들 한다. 그동안 힘들게 살았더라도 재미있게 살면 지금까지의 고생을 다 보상받게 된다고 말한다.

사실 놀이에는 엄청난 재창조의 에너지가 있다. 어린이는 놀이를 통해서 세상을 배운다. 또한 잘 노는 어린이가 더 건강하고 창의적이다. 어린이의 행동을 살펴보면 하루 종일 놀이의 연속처럼 보인다. 어린이의 눈에는 세상 모든 것이 호기심을 자극하는 놀이 기구다. 놀면서 두뇌가 발달하고 창조력이 생기는 것이다. 놀이의 본질은 상상력이기 때문에 잘 노는 사람은 타인의 마음을 잘 헤아리고 읽을 줄 안다. 또한 자신을 돌아보는 데도 익숙하다. 결국 잘 노는 사람이 행복하고 잘살게 되어 있다.

직장생활에서도 일반적으로 잘 노는 사람이 일도 잘한다. 그 이유는 놀이가 정서 교류를 통한 의사소통이기 때문이다. 직장은 상하 간의 의사소통과 동료들 간의 협력으로 이루어지는 조직이다. 그러니 잘 노는 사람이 남의 마음을 사로잡을 수밖에 없다. 또한 잘 노는 사람이 매사에 진취적이고 적극적이다. 보상을 위하여 하는 일과는 달리, 놀이는 그 자체가 즐거운 일이기에 누구나 재미를 느낀다.

두 번째 인생은 재미있게 놀아보자

은퇴 후에는 잠시 푹 쉬면서 앞으로 살아갈 제2의 인생에 대하여 진지하게 생각해보는 시간을 꼭 가져야 한다. 그 시간 동안 퇴직금 받은 것을 늘려보겠다고 성급하게 어딘가에 투자했다가 홀랑 날려버리는 그런 계획이 아니라, 자기 자신을 위하여 남은 시간을 제대로 활용할 그런 계획을 세우는 것이다.

대부분의 퇴직자들은 퇴직 후에 해외여행을 가장 하고 싶어 한다. 그래서 처음 몇 달 동안은 부부 동반으로 여행도 다녀오고, 그동안 직장에 다니느라 힘들었던 육체를 편안히 쉬게 한다. 늦잠도 자고 낮잠도 자고 산책도 하면서 하루 24시간을 온전히 자신만의 것으로 즐긴다.

그런데 이렇게 조금 쉬고 있으면 괜히 불안하면서도 왠지 모르게 조바심이 생긴다. 이런 생각은 버리자.

은퇴 이후야말로 그동안 못했던 여러 가지를 할 수 있는 절호의 찬스다. 영양 상태도 좋아 체력적으로도 자신 있고 평균수명도 늘어서 시간도 넉넉하며 아이들도 다 키웠다. 경제적인 노후 준비만 어느 정도 되어 있다면 자신을 위해서 투자하자. 버킷리스트를 만들어서 하고 싶은 일을 적어보고, 새로운 취미생활을 찾으며 젊은이들이 하는 여러 가지 레포츠에도 도전하자. 두 번째 인생에는 그동안 안 해본 놀이를 하면서 한바탕 놀아보자. 열심히 살아온 우리에겐 재미있게 놀 권리가 있다. 나이 들수록 움츠리지 말고 어깨를 당당히 펴고 품위를 유지하며 재미있게 즐기자. 놀이는 우리의 원초적 본능이다. 이제 본능에 충실하여 인간답게 사는 것이다.

'뛰는 놈 위에 나는 놈 있고, 나는 놈 위에 노는 놈 있다'고 여가 전문가 김정운 교수는 말하지 않던가? 이때 명심할 것은 놀이는 재미있어야 한다는 점이다. 재미가 없으면 놀이가 아니다. 그래서 우리 집의 가훈도 '재미있게 살자'로 바꾸었다.

젊었을 때 느꼈던 놀이의 재미와 나이 들어서 느끼는 놀이의 재미는 다를 수 있다. 요즘 나는 나이 들어서 느끼는 잔잔한 재미가 진정한 재미임을 느끼고 있다. 나처럼 이런 재미를 느끼려면 지금까지와는 다른 새로운 시도를 해야 한다. 매일 똑같은 놀이만 해서는 재미가 없다. 이제까지와는 다른 무언가가 있어야 재미도 찾아오는 법이다. 영국 철학자 버트런드 러셀은 '재미의 세계가 넓으면 넓을수록 행복의 기회가 많

| 우리 가족 모두의 철학을 담은 가훈이다.

아지며, 운명의 지배를 덜 당하게 된다'고 말했다.

 우리는 젊어도 보았고 나이도 들어 보았다. 젊은이들이 갖지 못한 인생의 참 멋을 알 수 있다. 이제 노는 것도 계획을 세워서 멋지고 재미있게 잘 놀아보자. 그러면 우리는 다음 세대가 따라 하고 싶은 모범적인 첫 번째 세대가 될 것이다. 재미있게 아름다운 노후를 보내는 노부부의 모습은 자식들에게 산교육이 될 것이다. 자식들이 닮고 싶어 하는 부모가 되는 길이야말로 삶의 아름다운 마침표를 찍는 길이 아닐까.

전 세계의 노년은
어떻게 놀고 있을까?

평균수명의 증가와 출산율 저하로 전 세계가 빠른 속도로 늙어가고 있다. 나이 든 삶은 젊어서는 겪어볼 수 없는 어른들의 특권이다. 젊었을 때 해야 할 일이 많고 시간 없어서 놀지 못했다면 나이 들어서라도 잘 놀아야 한다. 우리나라보다 먼저 고령화사회로 접어든 외국의 활동적인 시니어들은 어떻게 살고 있는지 알아보자.

이들은 일단 어른을 뜻하는 시니어라는 말을 싫어한다. 그래서 '액티브 어덜트(active adult)'나 '새로운 어른'으로 불리길 원한다. 50대 이후의 삶을 나이 들었다고 생각하지 않고 무언가 새로운 시작을 할 수 있는 나이라고 생각한다.

선진국들은 우리보다 일찍 고령화사회에 진입했지만, 속도 면에서는 우리보다 고령화가 서서히 진행되고 있다. 유엔에서는 노인의 사회 참여를 확대하고 복지를 향상시키기 위하여 매년 10월 1일을 '세계 노인의 날'로 정했다. 그러나 어느 나라의 노인이든 국가적인 차이보다는 개인적인 마음가짐이 노후를 즐기는 데 더 중요하다.

소비 주체로 떠오른 일본의 시니어

KOTRA 보고서에 따르면 일본은 65세 이상 고령 세대가 '부양 대상'에서 '소비 주체'로 떠오르면서 소비 시장의 판도를 바꾸고 있다고 분석하고 있다. '일본은 115조 엔(약 1150조 원) 규모의 시니어 시장을 창출한 나라'라며 '일본 시니어 시장은 우리 기업들이 곧 다가올 고령화 시대에 어떻게 대비해야 할지를 보여주는 시험 무대가 될 것'이라고 설명했다.

일본은 65세 이상 고령층 비율이 28퍼센트에 달한다. 60세 이상이 전체 소비의 40퍼센트, 금융자산 보유의 60퍼센트를 차지한다. 이들의 소비 패턴은 가치 지향형 소비 형태로 외제차를 사고 호화 해외여행을 선호하는 등 가격보다 가치에 중점을 두고 있다.

또 이들은 노인으로 불리기를 거부하며 유행에 뒤처지지 않고 젊어보이기를 희망한다. 야외활동과 운동, 건강 보조 식품에 대한 지출을 아끼지 않으며 택배 배달 서비스를 선호한다. 시니어 소비자는 편의점 음식을 먹지 않을 것이라는 편견을 깬 것도 일본의 시니어들이다.

또 하나의 특징은 평일 지역도서관을 이용하는 대부분의 고객이 노년층이라는 것이다. 문화센터의 문화 강좌도 당연히 이들 시니어에게 큰 인기를 끈다.

타이어를 갈아 끼우고 새출발하는 미국의 시니어

미국은 노인복지법(1965년)에 따라 연방 노인청을 중심으로 민간 주도의 사회 지도자 모델을 택하고 있으며 평생 학습자, 지역 봉사자로서 노년 교육을 실시하고 있다. 노인이 아동과 청소년에게 봉사할 수 있는 다양한 프로그램을 운영하고 있는데 노인학교 자원 봉사 프로그램, 세대 공동체 예술 및 교육 프로그램, 장애아를 위한 가족 친구, 직업능력 개발 멘토링, 세대 공동체 유아 프로그램, 하계 청소년 고용 훈련 프로그램 등이 대표적이다.

미국의 시니어들은 대부분 일을 하고 있으며 나이 들어서도 끊임없이 봉사활동이나 일거리를 찾는다. 그중엔 캠핑카를 타고 여행을 즐기며 광활한 서부의 대자연을 즐기는 사람들도 있지만 대부분의 노인들은 일을 하면서 여행하고 취미를 즐기며 스스로의 삶을 책임지려고 한다. 연금제도가 우리보다 잘되어 있으나 홀로 사는 인구가 늘어나면서 고독사 및 음주에 따른 알코올중독 문제도 자주 일어난다.

은퇴를 뜻하는 영어 단어는 'retire'다. 즉 더 달리기 위하여 타이어를 갈아 끼운다는 의미다. 그동안 열심히 달린 타이어를 새것으로 교체하고 어제의 삶과는 다른 삶을 살기 위하여 본래의 자신을 찾아 새로운 인생의 여행을 떠난다는 의미가 담겨 있는 것이다. 이제까지 직장이나 가정의 부담감 속에서 의무적으로 해왔던 일에서 벗어나 타이어를 갈아 끼우고 자신을 위해 새로운 일, 해보고 싶은 일, 새로운 삶을 살기 위한 새 출발을 할 때다.

에베레스트에서 안식월을 보내는 유럽의 시니어

네팔 트레킹 중에 에베레스트 베이스캠프로 올라가는 길목의 작은 마을 '남체바잘'에 머문 적이 있다. 이곳은 예전에 티베트와 물물교환을 하며 장이 섰던 곳으로 지금은 트레킹 도중 고도에 순응하기 위해 하루나 이틀 정도 머는 곳이다.

이곳에서 유럽의 은퇴한 부부들이 주변의 광대한 설산을 보면서 한두 달 지내는 모습을 많이 목격했다. 우리나라에서 한때 유행했던 제주도 한 달 살아보기 같은 체험을 에베레스트에서 하는 것이다. 유리창 밖으로 펼쳐지는 에베레스트의 산군을 감상하며 백발의 노부부가 카페에 마주앉아 차를 마신다. 누구나 한번쯤은 누려보고 싶은 호사스런 풍경이다.

연금제도가 우리나라보다 일찍 시작된 독일이나 스웨덴 같은 나라는 연금만으로도 해외여행이 가능하므로 생활비가 저렴한 국가에서 장기간 지낼 수 있다. 그에 반해 우리나라의 은퇴 후 부부들은 해외여행을 많이 가긴 해도 장기 해외여행은 실천하기 어렵다.

다차를 즐기는 러시아의 시니어

과거 러시아는 일반 국민의 생활상이 획일적이었으나 개혁이 진행되면서 개인의 능력과 책임 및 개성이 강조되고 새로운 생활상이 등장하고 있다. 특히 경제개방이 본격화하면서 새로운 부유층이 광범위하게 형성되고 있는데, 이들은 거의 서구 부유층과 맞먹는 생활을 하고 있다.

러시아 문화 가운데는 19세기 러시아제국 시대부터 내려온 '다차' 문화 전통이 있다. 다차란 통나무로 만든 집과 텃밭이 딸린 주말 농장으로, 러시아 도시인의 70퍼센트가 이를 소유하고 있으며 이곳에서 가족들과 농사를 짓고 휴식을 취한다고 한다. 나도 언젠가 '다차'에 초대받아 러시아 사람들과 함께 사우나를 한 적이 있다. 우리는 자작나무 잎사귀로 몸을 두들기며 서로 마사지해주고, 눈 덮인 차가운 호수에 들어가기도 했다.

알코올 도수 40도인 보드카를 낮에도 즐겨 마시고, 기름기 있는 식사와 부족한 운동으로 러시아인의 평균수명은 66세에 불과하다(세계보건기구 기준). 얼마 전엔 연금을 65세부터 지급한다는 연금개혁안을 발표해서 대규모 시위가 벌어지기도 했다. 러시아에서는 50세가 되면 우리의 환갑잔치에 해당하는 생일 축하 파티를 성대하게 여는 풍습이 있다.

무술 연마로 건강을 지키는 중국의 시니어

매년 높은 경제성장을 보였던 중국은 고령화 속도도 세계에서 가장 빠르다. 정부의 정책에도 불구하고, 출산율 저하로 인해 중국은 선진국에 진입하기도 전에 고령화 사회로 진입해, 지금은 고령화가 미중 무역전쟁보다도 더 심각하고 장기적인 문젯거리가 되고 있다.

유교 전통이 강한 중국에서 노인은 오랜 옛날부터 자식에게 극진히 대접받고 존경받으며 살아왔다. 그러나 오늘날 중국은 자식들이 모두 도시로 떠나고, 부모가 손주를 돌보러 대도시로 따라가는 경우가 많아졌다. 중국을 몇 번 여행하면서 흥미롭게 보았던 광경은 이른 아침이나 저녁에 공원이나 광장에 모여 단체로 태극권 같은 무술이나 광장 춤을 추는 모습이었다. 어른들은 각 지역마다 공원이 있어서 낮에는 삼삼오오 모여서 마작이나 장기를 두는 모습을 볼 수 있다. 중국은 땅덩어리도 크고 여러 소수민족이 있어서 노후 여가를 한마디로 설명하기는 어렵다. 요즘은 낮에 단체로 노래방을 가는 풍습이 생겼다고 한다.

중국의 시니어들은 최근까지 적응력과 건강상의 이유로 장거리 여행보다는 단거리 국내 여행을 즐겨 다녔다. 그러나 경제력이 좋아지면서 해외여행 인원이 눈에 띄게 증가했다. 주로 선호하는 해외 여행지는 우리나라를 비롯한 일본, 베트남, 태국, 싱가포르 등 중국과 가까운 아시아 지역이다. 또한 자유 여행보다는 단체 여행을 선택한다. 단체 여행은 여행의 모든 것을 다 준비해주고 가이드나 여행 관계자가 동행하기 때문에 육체적인 부담도 적다.

전 세계 시니어들의 공통점

이제 전 세계 시니어들은 즐거움을 추구하는 인생을 찾는다. 예전 어른으로 대우받던 실버 시대의 개념에서 벗어나 새로운 소비 주체로 부각되고 있다는 점도 주된 공통점이다. 그동안 모은 재산을 자식에게 물려주기보다 본인을 위해서 쓰기를 원하며, 건강관리를 통해 본인들의 시간을 즐긴다. 고급 레저 문화와 취미생활을 즐기는 데에도 적극적이다. 세계적으로 고령화가 빨라지면서 또 다른 문제를 야기하기도 하지만, 능력 있는 사람들은 평생 현역 생활을 하기도 한다. 또한 노인들과 어울리기보다는 젊은 사람들과 어울리기를 원한다.

이들 시니어의 가장 큰 공통점은 은퇴 후의 삶을 두 번째 인생의 출발점으로 보는 시각이다. 자기 자신을 가꾸고 살아가면서 새로운 문화를 이끌어가기를 원하는 젊은 동력이야말로 이 시대를 살아가는 활동적인 시니어의 공통점이라 할 수 있다.

배움을 통해 또 다른 생의
기쁨을 누리다

학창 시절을 되돌아보면 나는 공부보다는 친구들과 노는 것을 더 즐긴 아이였다. 시험 때나 돼서야 벼락치기 공부를 하고, 시험 기간이 끝나면 친구들과 또다시 어울려 다니는 게 마냥 신났다. 학생이라면 학교 공부를 통해서 세상을 배우고 상급 학교에 진학해서 더 폭넓은 교육을 받고, 사회에 나와서는 세상을 이롭게 해야 했지만, 그때는 공부하라면 놀고 싶고 놀라고 하면 공부해야 한다며 청개구리처럼 지냈다.

대학에서 전공을 마치고 사회에 나오면 인생에서 공부는 그 길로 끝나는 줄 알았다. 그런데 직장에 들어가서도 직무 교육, 외국어 교육, 각종 자격증을 따기 위한 공부가 계속 이어졌다. 은퇴한 뒤에야 나는 비로소 공적인 공부에서 벗어날 수 있게 되었다.

| 최면 전문가 자격증. 배움의 즐거움은 '노는 것'과는 또 다른 즐거움을 준다.

이제야말로 공부 스트레스에서 벗어나 재미난 공부를 시작해보자. 뭐든지 배울 수 있다는 마음가짐은 삶에 활력소가 되고 배울 용기를 준다. 또한 배움을 통해서 계속 성장하는 자신을 보는 것은 안티에이징 효과가 있다. 여태까지의 공부가 다른 사람의 강요에 의한 수동적인 공부였다면 지금부터는 스스로의 필요에 의해 능동적으로 배우는 재미난 배울 거리를 찾아보자.

나는 젊음을 바쳐 일했던 회사를 퇴사하면서 갑자기 많아진 시간을 그냥 흘려보내기가 싫었다. 그래서 그동안 부족하다고 느껴왔던 외국어 공부를 위해 미국에 있는 랭귀지 스쿨로 1년 정도 유학을 가려고 준비했다. 인터넷 검색 중 재미난 학교를 발견했다. 미국 로스앤젤레스 소재 로드랜드대학교(Lordland University)의 최면대학(Hypnosis Career College)이었다. 평소에도 TV에 최면 장면이 나오면 호기심을 느끼던 터였는데, 마침 이 학교를 수료한 한국국제최면치유사 협회의 홍영호 회장을 만났다. 홍영호 회장은 로드랜드 최면 대학의 이강일 박사에게 최면을 배운 뒤 한국에서 최면치유와 교육을 진행하고 있었다. 나도 3년간 열심히 배워서 국제최면치유사(international hypno-therapist) 자격증을 땄다. 고통받는 사람들에게 최면치유를 베풀며 또 다른 기쁨을 누리고 있다.

배움에는 끝이 없다

군이 공자님 말씀을 빌리지 않더라도 새로운 것을 배운다는 것은 호기심 충족과 함께 새로운 기쁨을 준다. 학창 시절처럼 교과과정으로 마지못해 배우는 것이 아니라 스스로의 필요에 의해 배울 목표를 정하고 성취한다면 그 기쁨은 대단하다. 철학자이자 교육학자였던 요한 아모스 코메니우스(Johann Amos Comenius)는 '배움이란 새가 하늘을 나는 법을 배우는 것 같이 자연스럽고 즐거운 것'이라고 말했다. 생업을 위해서 꼭 배워야 하고 시험을 보고 자격증을 따야 한다면 또 다른 스트레스가 되겠지만 본인의 호기심과 취미생활을 위해서 뭔가를 배우고 연구한다면 재미가 없을 수 없다.

내겐 가평 명지산 자락에서 포도농장을 하는 장덕수라는 멋진 친구가 있다. 그는 젊었을 때 〈갯벌은 살아 있다〉라는 다큐멘터리로 세상에 이름을 날린 유명한 PD였다. 최근에는 〈나는 자연인이다〉라는 프로그램을 기획해서 내보냈는데, 마니아층이 꽤 두터울 정도로 시청자들의 반응이 뜨거운 것으로 안다. 지금은 방송국 계열사 사장을 마치고 포도농사를 지으며 친구들과 농장에서 막걸리를 마시면서 등산을 즐기는 낭만적인 친구다. 최근에는 본인이 좋아하는 술 담그는 공부를 시작해서 자기 포도밭에서 나오는 포도로 레드와인을 만들었다. 와인을 담기 위한 병을 구입하고, 병 입구를 코르크 마개로 막는 기계도 준비하고, 레벨도 디자인해서 붙이고 끊임없이 공부하며 연구한다. 나도 한번 친구가 만든 와인을 마셔보았는데 어렸을 때 어머님이 담가준 포도주 맛이 나서 옛 추억을 떠올릴 수 있었다. 이 친구처럼 자기가 좋아하는 일을 더 깊게 공부하면 재미와 흥미와 함께 성취욕도 느낄 수 있다.

현장에서 일할 때 내가 만난 사람들은 대부분 업무와 관련된 이들이어서 일 외에는 다른 이야기를 나눌 기회가 거의 없었다. 그러다 고속도로 건설을 하면서 터널 굴착을 전문으로 하는 김 사장을 만나게 되었는데, 이야기를 나누다 보니 나와 사고방식이 비슷해서 일 외적인 대화도 많이 나누는 사이가 되었다. 김 사장은 건설인 치고는 책을 아주 많이 읽는 다독형 독서가였다. 항상 새로운 아이디어를 찾고 남들이 생각지 못하는 모험적인 시도를 많이 하는 스타일이었다.

최근에 그를 다시 만났는데 건설업에서는 은퇴했지만 아직도 예전처럼 독서와 건강관리가 한결같았다. 규칙적인 새벽형 생활 패턴은 물론이고, 17년 이상 '세리 CEO' 강의를 인터넷으로 듣고 있다고 했다. 무언가를 배우려는 사람은 항상 부지런하다. 그는 요즘도 남들과는 다른 구상으로 인생의 후반부를 새롭게 설계하고 있다.

배우는 사람이 젊은이다

나이 들면 용기는 줄어드는 대신 현명해진다고 한다. 그 현명함은 거저 생기는 것이 아니다. 배움과 경험을 통해서 얻어진 것이다. 세상은 내가 아는 만큼 보인다. 우리 은퇴자들은 삶에서 산전수전 공중전까지 겪어본 프로다. 세상살이에 필요한 지식은 웬만큼 다 알고 있다. 그러나 다 안다고 생각한 순간 성장은 멈추고 늙기 시작한다. 과거에는 없었던 새로운 지식과 새로운 배울 거리가 계속 생겨나고 있기 때문이다. 컴퓨터, 인공지능, 가상현실 등 새로운 용어가 생기면서 새로운 세상이 열리고 있다. 사람은 죽을 때까지 성장하는 존재로 평생을 배워야 한다. 배움을 지속하는 한 항상 젊음을 유지할 수 있다.

또한 나이 들어서 무언가를 배운다는 것은 자기 자신을 낮추는 마음의 수양도 된다. 우리는 여태까지 살아온 것만으로도 한 가지 방면엔 전문가가 되어 있다. 그러나 또 다른 새로운 것을 배울 때는 우리보다 고수에게 배우게 되므로 나이를 떠나서 겸손한 자세를 가져야 한다. 또한 새로운 전문가를 만나서 막연히 알았던 지식을 체계적으로 배워야 우리도 새로운 고수가 될 수 있다. 60대부터는 늙는 게 아니라 새롭게 성장해가야 한다. 와인이 숙성되듯이 맛이 들어가는 나이가 되어야 하는 것이다. 다양한 취미와 인생을 즐기는 마음은 배움을 통해서 완성된다.

같이 패러글라이딩을 즐기는 분 중에 '비공'이라는 아이디로 활발하게 활동하고 있는 분이 계시다. 숫자 나이로만 따지면 팔순이 넘은 분이다. 그러나 그분은 요즘도 바람이 좋은 날엔 매주 비행을 즐긴다. 그분은 남들이 운동을 중단할 나이인 환갑 즈음에 패러글라이딩을 배우기 시작했다. 평소에는 인라인 스케이트로 하체를 단련하고, 비행할 땐 무거운 패러글라이더가 담긴 커다란 배낭을 직접 메고 산에 오른다. 비행이 끝나면 그날 비행한 동영상을 직접 편집해 동호회 카페에 올린다. 이런 영상을 올리기 위해서 컴퓨터와 편집 방법도 배웠다고 한다. 항상 배우는 자세를 가지고 있기 때문에 그분과 만나서 대화해보면 젊음이 느껴진다. '비공'의 겸손하고 배우는 자세는 비행하는 동호인들 사이에도 귀감이 된다. 항상 무언가를 배우는 마음이 젊음을 유지하는 비결임을 우리는 그분을 통해 배운다.

배워야 하는 이유는 깨우치기 위함이고, 새로운 깨우침을 얻으면 새로운 감동을 느낄 수 있다. 새로운 감동을 받으면 그만큼 인생을 아름답게 살 수 있다. 결국 젊고 아름답게 살기 위해서는 배움이 필수다.

철학자 칸트의 말처럼 '배움에서 가장 어려운 것은 배워야 한다는 것을 배우는 것'이다.

이제 밖으로
나가서 놀자

결혼해서 한 가정을 이루면 가족이 한 집에서 같이 사는 것이 일반적이다. 그러나 자녀들이 성장해서 분가하면 인생의 나머지 많은 시간을 아내와 남편 둘이 살게 된다. 나는 건설업의 특성상 많은 시간을 아내와 떨어져 지냈다. 아프리카 오지에서도 혼자 떨어져 지내보았고 국내에 있을 때도 가끔 주말에만 만나는 주말부부로 살았다. 그렇게 떨어져 지낼 때는 같이 있는 시간을 되도록 많이 만들려고 노력했다. 이제 막상 매일 붙어 있으니 아내가 가끔 농담조로 해외 안 나가냐고 묻는다.

얼마 전 TV에서 '졸혼'에 대하여 토의하는 프로그램을 본 적이 있다. 졸혼이란 일본에서 만들어진 신조어인데, 결혼을 졸업한다는 의미로 황혼의 부부가 이혼하지 않고 서로에게 간섭하지 않으며 자유롭게 산다는 뜻이다. 황혼이혼을 막을 수 있고 서로 좋은 관계를 유지하면서 자유롭게 산다는 이점도 있다. 실제로 나이 들면 아내가 한평생 남편 식사를 챙기고 빨래해주는 일이 싫증 날 만도 하다. 그래서 남자도 가사를 분담하고 요리도 하는 등 가부장적인 태도에서 벗어나야 한다.

집 밖에 아지트를 만들어라

퇴직 후 남자들의 희망사항 중 하나가 자기만의 공간인 별도의 아지트를 가지는 것이다. 이곳에서 아무 간섭도 받지 않고 혼자서 책도 보고, 음악도 듣고, 친구들을 만나면 더욱 좋다. 그러나 현실에서는 이런 비밀스러운 공간을 마련하기가 쉽지 않아 차선책으로 단골 커피숍이나 단골 술집을 만들어놓는다. 이럴 때 야외에서 즐길 수 있는 취미생활이 있으면 별도의 아지트가 없더라도 자기만의 공간을 가질 수 있다.

매일 얼굴 보는 부부가 하루 종일 붙어 있기보다는 서로 나가서 각자의 일과 취미생활을 즐기고 서로에게 자유를 주는 것이 오히려 행복한 결혼생활의 비결일 수 있다. 부부간에 건강하고 행복하며 성공적인 관계를 맺기 위해서는 자신 스스로가 먼저 만족감을 느끼는 자존감이 필수다. 성공적인 결혼생활은 무엇보다 각자 스스로가 독립된 인격체로서 만족해야 가능하다.

취미생활을 하면 아지트가 생긴다

나는 젊어서부터 온갖 레포츠를 혼자서 다 하느라고 주말이건 주중이건 집에 붙어 있는 시간이 별로 없었다. 그런 점에서 아내와 아이들에게 항상 미안했다. 게다가 요즘은 젊었을 때보다 오히려 모임이 더 늘어나는 추세라 영 면목이 없다. 현역에서 물러나 시간적으로 여유가 있는 친구들이 이런저런 모임을 만들어서 집에 붙어 있지 않으려고 하기 때문이다. 물론 건강에 좋은 등산이나 자전거 모임도 있지만, 시간을 보내기 위한 성격의 모임도 있다.

은퇴 후 평소 하고 싶었지만 시간이 없어서 못한 취미생활을 한다면 본인에게도 좋지만 아내도 환영할 것이다. 이 책 3장과 4장에는 그동안 내가 직접 해보았던 취미생활을 중심으로 이를 시작하는 방법들을 소개해놓았다. 많은 분들에게 도움이 되기를 바란다. 아무래도 젊었을 때보다 시간적인 여유가 있으므로 배우는 데 시간이 걸려도 평생 취미로 삼을 수 있을 것이다. 본인의 적성과 맞는 취미를 고르면 된다.

전원생활, 생각보다 즐겁지 않다

사람들은 누구나 자기만의 집을 마음속으로 상상해본다. 요즘처럼 미세먼지가 많을 때는 서울의 답답하고 획일적인 아파트에서 벗어나 마당도 있고 공기가 좋은 전원주택을 한 번쯤 꿈꿀 것이다.

특히 어느 정도 경제적 여유와 마음이 있으면 가수 남진의 노래에 나오듯이 '저 푸른 초원 위에 그림 같은' 집을 짓고 싶어 한다. 우리나라처럼 아파트가 많은 아파트공화국에서 성냥갑 같은 답답한 집에서 벗어나 넉넉한 자기만의 공간을 가지고 싶은 것은 우리 모두의 꿈이고 로망이다. 게다가 마당에 싱싱한 야채를 심어서 자급자족할 수 있으면 금상첨화다.

나도 몇 해 전 버킷리스트 중 하나였던 멋진 전원주택을 강원도에 지었다. 내 전공을 살려서 지도로 접근성을 검토하고, 현지답사를 수차례 한 다음 땅을 계약했다. 옆에는 계곡이 흐르고 뒤에는 소나무 언덕이 있는, 배산임수의 이상적인 집터였다. 잔금을 치르고 각종 인허가를 받으면서 내 집에 대한 꿈으로 부풀었다. 설계는 믿을 만한 학교 후배에게 내 의도를 충분히 설명하고 맡겼다. 누워서 하늘의 별을 볼 수 있게 천창을 내고, 삼각형 지붕에는 다락방을 만들어 나만의 아기자기한 공간을 꾸미고, 거실엔 홈 바를 만들어 친구들과 술도 한잔할 수 있게 설계해달라고 했다. 목제 데크는 넓게 만들어서 친구들과 바비큐 파티도 할 수 있게 해고 마당엔 흔들의자도 놓았다.

건축한 후 매주 서울에서 강원도까지 다니며 주말 전원생활을 즐겼다. 마당에 직접 조경 작업을 하고 잔디를 깔고 빨간 우체통을 만들고 가로등을 달았으며, 예쁜 개집을 만들어 사랑스러운 강아지도 키웠다. 당연히 마당에는 내가 좋아하는 옥수수와 감자도 심어서 직접 수확도 했다. 드디어 내 꿈 중 하나를 이룬 것 같았다.

소유할 것인가 소유당할 것인가

그러나 매주 다니다 보니 주말의 고속도로 체증에 슬슬 짜증이 나기 시작했다. 전원주택의 즐거움보다 교통체증 스트레스가 더 컸다. 또 친구들이 한번 왔다 가면 설거지를 비롯한 침구 정리와 뒤치다꺼리는 온전히 내 일거리로 돌아왔다. 예쁘게 가꾼 앞마당의 잔디는 비라도 한 번 내리면 쑥쑥 자라서 순식간에 잡초 밭처럼 무성하게 변했다. 잔디 깎는 기계를 두 대나 샀지만 역부족이었다.

| 너무 크게 지어 관리가 어려웠던 전원주택.

　겨울엔 또 다른 난관이 있었다. 강원도의 한겨울 추위는 모든 수도관을 얼어붙게 할 만큼 혹독했다. 그런데 워낙 산골이라 웬만한 설비들은 직접 고치고 정비할 줄 알아야 했다. 여름에는 시원해서 모기는 없었지만 수많은 날벌레들이 달려들어 이에 대한 대책도 세워야 했다. 게다가 여행을 좋아하는 나는 휴가 때마다 자유롭게 이곳저곳을 다녔는데 이제는 시간만 나면 전원주택으로 오니 나 자신은 물론이고 가족들도 슬슬 지겨워하기 시작했다.

　무엇보다 이곳에 오면 휴가를 지내는 게 아니라 끊임없는 노동을 해야 했다. 마당에 감자도 심고 깻잎도 가꾸고 고추도 심었는데 모든 것이 육체적 노동의 산물이었다. 키우는 강아지들도 풀어놓고 길렀는데 내가 없을 때 이웃집 개와 종종 사고를 쳤다. 한두 해 정도는 전원주택의 매력에 빠질 수 있겠지만, 농사 경험이 전혀 없는 일반인에게 주말 전원주택은 해야 할 일이 너무 많았다. 주말만 이용하던 집이라 주중 관리를 앞집 어르신께 부탁했지만 여의치 않았다. 그래서 관리인을 두고 펜션으로 잠깐 운영해보았지만 남 좋은 일만 시키는 꼴이 되었다.

사실 전원주택 지을 돈이면 평생을 휴가 때마다 고급 호텔을 이용하며 보낼 수 있다. 더구나 시골 동네 행사에는 얼굴을 비쳐야 하고 발전기금도 내야 한다. 한번은 먼지가 난다는 이유로 우리 집으로 들어오는 진입로를 막은 주민까지 있었다. 가족 전체가 아주 시골로 이주할 생각도 했지만 그러려면 서울에 벌여놓은 일들과 아이들 문제까지 다 정리해야 했다. 데크에 앉아서 새소리를 들으며 커피를 마실 땐 좋았지만 곰곰이 생각해보니 이렇게 하는 것은 아니라는 생각이 들었다. 소유에 따른 부담감이 내 어깨를 짓눌렀던 것이다.

결국 집을 처분하기로 하고 부동산에 매물로 내놨다. 그러나 시골 전원주택은 아파트와 달리 매매가 쉽지 않았다. 임자가 나타나기 전에는 거래가 안 된다. 전원주택을 찾는 이들도 많지 않았고, 구입하려는 사람도 주로 빈 땅을 찾아 직접 본인의 의도대로 짓기 원하지 지어진 집을 사려고 하지 않는다. 게다가 단독 주택은 5년 정도 지나면 집값은 헐값이 되고 땅값만 받고 거래되기도 한다. 주변에서도 말은 안 했지만, 시골에 지어진 전원주택의 반 이상이 부동산사무소에 매물로 나와 있다. 다들 나처럼 시행착오를 겪은 사람들이다. 약 1년 이상 매수자를 기다리다가 아깝지만 헐값에 처분하고 말았다. 그 비용을 서울에 있는 주택에 투자했더라면 많은 이득을 보았을 것이다.

'애인과 별장은 소유한 순간부터 후회한다'는 우스갯소리가 있다. 아마도 관리와 소유에 대한 부담 때문이리라. 예전에 이 산 저 산 휘이휘이 바람처럼 휘젓고 다니던 노승이 있었다. 산마루에서 시원한 바람을 즐기고 산 정상에서 경치를 내려다보며 대자연을 품고 다녔다. 그러던 어느 날 신도의 시주로 조그만 암자가 생겨 그곳에 기거하며 산을 관리했다. 그러나 어느 날부터 등산객들이 암자 주변에 쓰레기도 버리고 산에 있는 나무들도 훼손하기 시작했다. 그래서 노스님은 울타리를 치고 암자를 관리하며 등산객을 나무라기도 했다.

이제 더 이상 노스님은 산을 즐길 수가 없었고, 남을 미워하기도 했으며, 자신의 울타리에 갇혀버렸다. 또 걱정이 되어서 암자와 산을 떠나지도 못했다. 소유에 따른 관리와 욕망에 따른 대가로 넓은 세상을 볼 기회를 잃어갔다. 나도 전원주택을 짓고 나서부터 여태까지 자유로운 내 영혼을 한곳에 가두고 말았던 것이다.

주변에 퇴직을 하고 전원주택을 지으려고 부지를 알아보려는 친구들이 몇 있었다. 그럴 때마다 경험자로서 충고를 했다. 접근성이 좋은 수도권에 지을 것인지, 아니면 한적한 시골로 갈 것인지 정하라고 말이다. 무엇보다 전원주택은 작게 지어서 관리에 대한 부담을 덜어야 한다. 그다음 전원주택을 짓는 목적을 처음부터 확실히 해야 한다. 주말

주택용인지 아니면 가족이 다 함께 이주하여 살 집인지 또 가족 모두가, 특히 아내가 전원주택 이주에 동의하는지를 확인해야 한다. 전원주택에 사는 순간 본인이 모든 걸 직접 해야 하는데 아파트에 길들여진 사람들은 일단 부지런하지 않으면 주택 관리가 쉽지 않다. 시행착오를 줄이기 위해서 집을 직접 짓지 말고 우선 매물로 나온 전원주택에서 전세로 1~2년 살아보는 것도 좋은 방법이 될 수 있다.

나이 들어서 내 소유물에 얽매이는 것처럼 미련한 짓은 없다. 또한 집 짓는다는 것이 생각처럼 만만치 않다. 형질 변경에 따른 인허가 절차가 있고, 설계도 잘해야 하지만 건실한 건축회사를 만나야 한다. 본인이 직영으로 직접 짓는다면 모든 일처리를 직접 다 해야 할 각오가 되어 있어야 한다. 그리고 단지형 전원주택이 아니라면 새로운 터에 이주할 때 그 동네 주민들과 잘 화합할 수 있어야 하며, 어느 정도 텃세를 감내해야 한다. 생활 패턴도 그 동네 주민들과 맞추어야 서로 간에 이질감 없이 동화될 수 있음을 알아야 한다. 그래서 농담처럼 하는 이야기가 전원주택을 즐기기 위한 최고의 방법은 주변에 전원주택을 가진 친구들과 친하게 지내라는 것이다. 그저 철따라 한 번씩 먹거리 사들고 놀러 가면 된다.

취미가 같은 부부가
노후도 더 행복하다

　나는 건설회사의 특성상 해외 근무와 현장 근무로 아내와 떨어져 보낸 시간이 많았다. 떨어져 있으면 보고도 싶고 애틋한 마음에 만나면 잘해줘야지 하는 마음이 크다가도 막상 만나면 서로 헤어져 있을 때 사랑받지 못했던 보상 심리로 상대방이 나에게 잘해줄 것을 기대한다. 그래서 같이 있으면 티격태격하는 일이 벌어진다.

　남녀가 처음 만나서 연애할 때는 잠시만 떨어져도 그리움에 애가 타고 상대의 목소리만 들어도 가슴이 벅차다. 신혼 초에는 세상을 다 가진 듯 행복하고 이렇게 행복해도 되나 싶은 나날을 보내기도 한다. 그러나 세월이 흐르면서 서로에게 익숙해지고 삶에 지쳐 권태기도 겪으면서 부부는 서로 데면데면해지고 무관심해지기 시작한다. 이럴 때 자식이라도 출가해서 둘이 남게 되면 부부는 새로운 즐거움을 찾아야 한다. 이때 가장 좋은 해결책이 취미생활을 함께하는 것이다.

부부가 사랑만 가지고 검은 머리 파뿌리 될 때까지 살 수는 없다. 취미생활도 둘이 같이하면 평생 멋진 동반자 관계를 유지할 수 있다. 또 취미생활은 혼자 하는 것보다 옆에서 누가 거들어주면 더욱 신나는 법이다. 일상의 빤한 대화에서 벗어나 동등한 입장에서 본인의 생각을 이야기할 수 있고, 취미생활을 놓고도 신선한 대화가 가능하다.

같이 하면 더 좋은 취미들

주민센터에 스포츠댄스를 배우러 다니던 아내가 어느 날 같이 다니며 배우자고 권해왔다. 집에 와서 혼자 스텝도 연습하고 나더러 파트너가 돼달라고 하더니 같이 배울 것을 제안한 것이다. 주민센터 강습 시간에는 모두 다 나이 든 사람만 있어서 재미가 없으니 같이 가서 강습을 받자는 것이었는데, 몸치인 나는 영 자신이 없어서 거절했다.

크루즈 여객선을 타고 오랫동안 해외여행을 다닐 경우 사교댄스가 필수라고 하니 배워볼 만하다고 생각했지만 선뜻 나서기가 어려웠다. 스킨십이 많고 이성 간의 매력을 극대화할 수 있는 댄스스포츠는 부부가 함께할 수 있으면 권태기를 없애주는 좋은 취미라고 한다. 그러나 같이하면 좋은 취미는 두 사람의 적성이 맞아야지 한쪽만 좋아서는 안 된다.

젊어서부터 매주 산에 다니던 나는 휴일에 아내 혼자 집에 남겨두고 혼자 산에 가는 게 늘 미안했다. 그렇다고 험한 산길이나 암벽등반을 같이할 수는 없었다. 그때는 핸드폰이나 스마트폰이 보급되기 전이라서 하산하고 집에 갈 때까지 연락도 못 했기에 아내 혼자 집에서 나를 마냥 기다릴 수밖에 없었다. 그래서 생각해낸 것이 아마추어 무선이었다. 자격증을 따서 집에 무전기를 설치해 전국 어느 산에서든 집과 교신이 가능하도록 했다. 아내도 자격시험을 보고 아마추어 무선사가 되어서 휴일에 떨어져 있으면 서로 교신을 통해 대화를 했다. 특별한 내용은 없지만 설악산 대청봉에서 서울에 있는 아내와 교신할 때는 마치 에베레스트 정상이라도 올라온 듯한 기분이 들었다.

외국과 교신할 때는 서로 마이크를 잡아보려고 경쟁도 하고, 아마추어 무선사들의 모임이 있으면 차에 기다란 안테나를 달고 전국 어디라도 같이 다녔다. 그때 알게 된 많은 사람들과의 재미난 추억거리는 지금도 두고두고 곱씹는 우리들만의 소중한 기억이 되었다.

골프를 아주 좋아하는 내 친구는 아내와 둘이 미국 로스앤젤레스부터 플로리다까지 골프 여행을 했다고 한다. 골프장 리조트에서 숙식을 해결하면서 골프장에서 골프장으로 이동하는 여행 말이다. 동남아 한 도시에서 겨울 한 철을 보내며 골프만 치고 오는 여행과는 질적으로 다르다. 나이 들어서 부부가 파란 잔디밭을 걸으며 골프와 여행을 같이할 수 있었다니 부럽기도 하다.

나와 같이 패러글라이딩을 하며 매주 비행을 즐기던 선배 부부는 둘이 같은 취미생활을 하다가 대천 앞바다가 내려다보이는 성주산 근처로 아주 이사를 했다. 충남 보령의 성주산은 서해에서 불어오는 깨끗한 바람으로 1년 내내 패러글라이딩을 즐기기에 아주 좋은 곳이다. 두 분은 요즘도 유튜브에 비행하는 모습을 담은 동영상을 올리며 활발한 활동을 하고 있다.

이외에도 사진 찍기나 낚시 등은 체력적으로도 부담이 크지 않으므로 부부가 함께 즐기기에 좋은 취미생활이다. 낚시터에서 텐트를 치고 커피를 마시며 해가 지는 잔잔한 호수를 바라보는 것 자체만으로도 낭만적이고 힐링이 된다.

야외활동 말고도 어느 정도 술을 마실 줄 안다면 함께 와인에 대해서 공부하고 안주를 만들며 분위기 있는 음악을 틀어놓고 한잔하는 것도 권하고 싶다. 나이 들어서는 독한 술보다는 몸에도 좋은 와인을 한두 잔 마시는 것이 건강에도 좋다. 요즘은 와인 가격도 거품이 빠져서 별 부담이 없다. 여유가 된다면 유럽이나 미국의 유명한 와이너리를 여행하면서 세계적인 와인을 골고루 맛보는 것도 남부럽지 않은 부부만의 취미생활이 된다.

따로 또 같이 해도 좋다

아내와 같이하는 취미 중에 자전거 타기가 있다. 결혼 전 데이트할 때 여의도광장에서 자전거를 빌려서 뒤에서 잡아주고 가르쳐주면서 함께 즐거운 시간을 보낸 적이 많았는데, 아내는 결혼 후 한동안 잊고 지내다가 아이들을 다 키우고 나서 다시 자전거 타기를 시작했다.

처음에는 저렴한 자전거를 구입해서 연습 삼아 타다가 지하철역 입구 자전거 보관대에 열쇠로 잠가놓았는데 그만 분실하고 말았다. 그래서 두 번째는 조금 돈을 들여 산에서 타기에도 적당한 고급형으로 바꿨다. 아내는 자전거를 타기 시작하면서 많이 건강해져서 아프다는 이야기를 거의 하지 않게 되었다. 그 덕에 집안 분위기도 밝아지고 부부간의 공통 관심사가 생겨 대화도 많아졌다 나는 친구들과 경인 아라뱃길부터 시작해서 4대강 종주 라이딩도 하고, 가끔 산에도 다닌다. 아내는 아내대로 실력이 늘면서 자전거 동아리에 가입해서 주로 평일에 라이딩을 한다.

아내와 같이 자전거를 탈 때도 있지만 운동의 강도와 체력 때문에 요즘은 따로 타는 시간이 더 많다. 나는 주로 휴일에 친구들과 산에서 산악 라이딩을 즐기는 편이고, 아내는 가까운 유원지나 안전한 산길에서 평일에 주로 탄다. 서로의 프라이버시를 지키기 위해서 아내의 라이딩에 간섭하지 않고 따로 타며, 안전에만 유의하라고 한다.

어느 날은 아내와 내가 타는 코스가 우연히 겹친다는 것을 알았다. 그래서 우리 두 사람은 집에서 각자 따로 출발하면서 도중에 만나도 서로 모른 척하기로 합의를 보았다. 자전거 복장은 헬멧 쓰고 고글 쓰면 다 비슷해 보인다. 게다가 여자들은 바람과 자외선으로부터 피부를 보호하려고 얼굴을 버프로 가리는데 그렇게 하면 누가 누군지 알아보기 어렵다.

그래도 부부인지라, 우리는 자전거를 타면서 중간에 잠깐 만났지만 약속대로 서로 모른 척하고 일행들과 어울렸다. 아내도 나를 알아보면서도 모른 척하곤 둘만의 사인을 보내고 동료들과 라이딩을 즐겼다. 오히려 부부 사이가 신선해지는 느낌이었다.

등산을 좋아하는 친구에게 들은 재미난 이야기가 있다. 젊어서 못 해

| 청산도에서 함께 자전거 타다 한 컷.

본 등산을 시간이 나서 동호회에 가입하고 시작했는데, 부부 동반으로 오는 사람들보다 혼자 오는 사람이 더 많다는 것이다. 그 이유는 집에서 느껴보지 못한 자유로움과 새로운 사람들과의 만남이 재미있어서라고 했다. 오히려 부부 동반으로 오면 행동에 제약을 받아서 모임이 어색해진다고도 했다. 이럴 경우 휴일 하루 상대방에게 자유를 주는 것은 어떨지 생각해볼 일이다.

같은 취미활동을 하면서 인연이 돼서 결혼한 부부들도 있지만, 이런 경우 대개 한쪽은 취미생활을 접는다. 이상과 현실이 다르기 때문이다. 그러나 결혼 후 어느 정도 경제력을 갖추고 함께하는 취미생활은 삶의 또 다른 목표가 되며 부부생활의 윤활유가 된다. 좋아서 함께하는 취미생활이 가정생활을 더 충실하게 만들어준다면 이보다 더 좋을 순 없다.

2장

놀기 전 반드시 해야 할 것

자기 성격에 맞는
놀이를 찾자

　사람마다 성격이 다르듯이 취미생활에 대한 기호도 다르다. 동적인 취미를 좋아하는 사람이 있는가 하면 정적인 취미생활을 좋아하는 사람이 있다. 또한 다른 사람들과 어울리기를 좋아하는 사람이 있는가 하면 혼자서 조용히 취미를 즐기는 사람이 있다. 이것저것 취미생활을 즐기다 보니 내가 좋아하는 게 무엇인지 저절로 알게 됐다. 즉 자연과 더불어 자유를 즐기는 취미생활을 하고 있다는 공통점이 있었다.

　등산을 좋아해서 시작한 암벽등반은 지구 중력으로부터의 자유를 주었고, 하늘을 나는 패러글라이딩은 새처럼 무동력으로 대자연을 즐기는 자유를 제공했다. 바다 속을 누비는 스킨스쿠버는 중성 부력으로 물고기처럼 물속을 자유롭게 날아다니는 자유로움 그 자체였다. 호젓한

산에서 즐기는 산악자전거는 깊은 산속 구석구석을 돌아다닐 수 있는 자유를 주었고, 아마추어 무선은 국경과 공간을 초월한 재미를 주었다. 요트와 스키 등은 바다와 눈 덮인 산을 마음껏 질주하는 쾌감을 주며 모두 무동력이라는 공통점이 있다.

이처럼 본인이 좋아하는 레포츠를 시작하기 전에 본인의 취향과 성격 유형을 알아보고 레포츠를 시작하면 중도에 포기하는 일이 없어 시행착오를 줄일 수 있다.

자신의 성격 제대로 알기

사람은 자기 자신을 잘 알 것 같지만 의외로 본인을 제대로 모르는 경우가 많다. 그래서 예전부터 성격 유형을 알아보는 테스트가 많이 발전되어왔다.

본인의 성격과 성향을 알아보는 방법 중의 하나로 에니어그램 (Enneagram) 성격 유형 검사가 있다. 에니어그램은 약 2천 년 이상의 역사를 가진, 대단히 오랫동안 전해져오는 성격 테스트다. 에니(ennea)는 그리스어로 '아홉'을 뜻하고 그램(gram)은 '그림'을 뜻한다. 에니어그램은 이 둘의 합성어로 사람의 성격을 아홉 가지 유형으로 분류한다. 이 에니어그램에 따르면 인간은 아홉 가지 심리 유형 중 하나로 세상을 살아간다. 특히 에니어그램은 단순히 성격 분류만이 아니라 인간의 마음과 타고난 본성을 볼 수 있기 때문에 자신의 성격 유형을 알고 자기 자신을 좀 더 깊이 이해할 수 있게 된다.

에니어그램을 통하면 자신의 강점과 단점을 깨닫고 극복할 수도 있

| 에니어그램 성격 분석표 |

유형	성격의 강점	성격/약점	추천 레포츠
01 개혁가 완벽	도덕적 정의감이 높음 완벽주의 바른생활 성실하고 자신에게 철저함	완벽형/ 비판을 싫어함	프라모델, 바둑, 장기
02 조력자 사랑	협력적이고 관대함 친절하고 예리함 공감을 잘함 마음이 따뜻함	베푸는 형/ 쉽게 상처받음	승마, 애완견
03 성취자 가치	에너지가 많음 자신감이 넘침 유능하고 효율적 매력적인 외모	성취형/ 거절과 실패에 낙담함	요트 및 패러글라이딩 등 육체적인 운동
04 예술가 정체성	섬세하고 창의적 이해심이 많음 동정심이 있음 자연친화적	개인주의자/ 소외감을 싫어함	그림, 글쓰기, 악기 연주
05 사색가 유능함	현명하게 판단함 지식을 쌓는 것을 좋아함 관찰력, 분석력이 뛰어남 위기 상황에 잘 대처함	탐구자/ 침해당하기 싫어함	명상, 산책, 글쓰기
06 충성가 안전	꾸준한 노력파 끈기가 있음 협동심과 책임감이 있음 실질적이며 전략적	회의형/ 위협과 시험에 겁을 먹음	낚시, IT 기기
07 열정가 행복	명랑하고 열정적 일상의 즐거움을 중시함 상상력과 호기심이 많음 여러가지를 동시에 함	공상형/ 선택권이 없을 때 낙 담함	레포츠, 항공 레포츠, 여행
08 도전자 보호	지배력과 리더십 자신감과 결단력 정직, 솔직 책임감 있음	보스형/ 무시와 부당한 대우를 싫어함	산악자전거, 여행
09 화합가 평화	편안하고 침착함 인간관계를 오래 지속함 순수한 모습 타인의 장점을 잘 발견함	조절형/ 갈등과 분열을 싫어함	암벽등반, 아마추어 무선

다. 고대 동양의 지혜에서 비롯된 인간의 이해와 성숙의 도구로서 직장, 가족, 친구 사이의 관계를 이해하고 나의 내면을 탐구하는 데 유용한 도구인 까닭이다. 우리나라에서는 한국인에게 적합하게 만들어 유료로 테스트해주기도 하는데 인터넷에 찾아보면 무료로 검사할 수 있는 사이트도 있다(http://www.anylover.com/html/test.html).

에니어그램 무료 테스트를 하는 이 사이트에서 설문을 마치면 본인의 성격 타입이 나온다. 1부터 9까지 10개씩 총 90개 문항에 '그렇다', '그렇지 않다'로 답을 하므로 답변을 명확하게 할 수 있다. 이 답변을 가지고 아래 표의 아홉 가지 유형 중 본인의 번호에 해당하는 성격을 확인할 수 있다. 그 성격에 맞는 레포츠를 내 나름대로 선정해보았다. 이 중에서 선택하면 본인 성향과 잘 매칭될 듯하다.

놀고 싶다면
기초체력부터 길러라

평소에 운동을 꾸준히 열심히 하는 사람과 운동을 전혀 하지 않는 사람과의 수명 차이는 불과 3~4년밖에 안 난다고 한다. 이 연구 결과는 미국 매사추세츠주의 오스카 프랑코 교수팀이 40년 동안 지역 주민 5천여 명을 조사한 결과다. 운동한다고 보낸 시간을 빼면 수명 차이는 미미하다. 그러나 우리가 평소에 운동을 하는 이유는 수명 연장보다는 사는 동안 건강하게 살기 위함이다. 몸이 건강해야 노후에 삶의 질이 높아진다. 병에 걸려 허약한 몸으로 골골거리며 사는 것보다는 건강한 몸으로 활기차게 노후를 즐기며 살려면 운동은 필수다.

나는 어려서부터 운동을 좋아하기도 했지만, 운동 후의 기분 좋은 뻐근함과 상쾌함을 알기 때문에 어릴 때부터 50여 년간 꾸준히 운동을 해왔다. 물론 해외 근무할 때와 현장 근무 때는 제대로 못할 때도 많았다. 그래도 가능하면 헬스클럽에서 운동하려고 노력했다. 운동을 할 때와 안 할 때의 몸 상태와 체형 차이를 누구보다도 본인이 제일 잘 알고 있기 때문이다. 나이 들수록 순발력과 민첩성은 떨어지지만 근력과 지구력은 운동을 통해서 꾸준히 유지하고 있다. 이렇게 기초체력을 유지함으로써 산악자전거나 등산, 패러글라이더 등 다양한 레포츠를 무리 없이 즐길 수 있다.

나이 들수록 중요한 기초체력

운동이 몸에 좋다는 것은 누구나 다 아는 사실이다. 그러나 좋은 줄 다 알면서도 안 하는 이유는 무엇보다 움직이기 귀찮고 게을러서다. 기계도 계속 기름을 치고 사용해야 수명도 길어지고 제대로 돌아간다. 마찬가지로 우리 몸도 움직이도록 설계되어 있어서 끊임없이 운동하며 움직여주어야 제 기능을 발휘하고 오래도록 건강하게 쓸 수 있다. 동네 헬스클럽에 가보면 연초에는 사람들로 늘 북적거린다. 다들 새로운 각오로 운동에 열심이다. 그러나 두세 달 후에는 또다시 사람이 빠지고 늘 운동하는 사람들만 남는다. 그러다 노출의 계절 여름이 다가오면 멋진 몸을 만들려는 젊은이들로 헬스클럽이 활기차게 돌아간다. 그러나 겨울이 되면 또다시 썰렁해진다.

집집마다 실내 운동용 고정식 자전거나 트레드밀이 하나씩 있다. 홈쇼핑에서 멋진 몸매의 호스트가 유혹하는 소리에 덜컥 사났지만 얼마 지나지 않아서 거실 구석에 자리만 차지하고 옷걸이로 변한다. 사람의 마음은 상황에 따라 시시각각 변하고 자기 합리화를 하기 때문에 연 초의 결심이 흔들릴 수 있다. 운동을 꾸준히 할 수 있는 비법을 소개한다.

운동 유지 비법 4단계

1단계는 동기부여다. 먼저, 운동을 하는 이유가 있어야 한다. 완벽하게 건강한 사람보다 어디 한두 군데가 안 좋은 사람이 오히려 몸 관리를 철저히 하여 더 건강하게 사는 것을 볼 수 있다. 나이가 들면 누구나 몸이 완벽할 수가 없다. 주변 친구들만 봐도 지방간 또는 당뇨와 혈압 등 한두 가지씩 고질병을 가지고 있다. 이러한 증상은 대부분 운동으로 호전되거나 치료가 가능하다. 병원에서 정밀 검사를 한 다음 운동으로 이 수치를 정상으로 만들어보자. 노화에 따른 성인병은 특별한 경우가 아니면 대부분 운동을 통해 정상으로 만들 수 있다.

나 같은 경우는 건강검진에서 콜레스테롤 수치가 높게 나왔다. 의사는 약 복용을 권했다. 그래서 나는 일단 운동으로 낮추어보고 만약에 개선이 안 되면 약을 복용하겠다고 약속했다. 6개월 정도 운동과 체중 조절로 4킬로그램을 빼고 다시 검사를 받았다. 다행히 모든 수치가 정상이 되었다. 요즘은 이 수치를 유지하기 위해서 일주일에 3회 이상 운동을 한다.

대부분의 레포츠를 즐기려면 어느 정도 근력이 필요하다. 나이 들면 순발력은 떨어지지만 근력만큼은 꾸준히 운동하면 젊은 시절과 크게 다르지 않게 유지할 수 있다. 새로운 레포츠를 목표로 정하고 그에 맞는 기초체력을 기르는 것은 또 다른 동기 부여가 될 수 있다.

스키를 부상 없이 즐기려면 가을부터 하체 운동을 하고, 암벽등반을 즐기려면 손아귀의 힘을 키울 악력 운동과 턱걸이를 하면 된다. 그래서 나는 주말에 친구들과 자전거를 더욱 잘 타기 위해서 주중에 근력 운동을 한다. 모든 운동의 기본이 되는 심폐 기능을 키우려면 가벼운 달리기가 좋다. 반드시 운동을 해야만 하는 목적을 만들고 운동을 시작하자.

2단계는 헬스클럽 등록이다. 운동하기로 결심했다면 집에서 혼자 하는 것보다 헬스클럽에 등록하라고 권하고 싶다. 요즘은 예전보다 회비가 많이 저렴해졌고 할인 행사도 많이 한다. 집에서 멀면 여러 가지 핑계로 운동을 안 할 명분을 만들기 쉽다. 집에서 가장 가까운 헬스클럽에 등록하자. 처음엔 6개월 정도의 회원권을 구입한다. 그 이후 더 연장하거나 다른 곳으로 옮길 수도 있다. 처음에는 트레이너의 도움으로 자신에게 맞는 운동 패턴을 찾아야 한다. 사람마다 운동 강도와 운동 부위가 다르므로 전문가의 도움을 받자.

운동하는 방법도 목적에 따라 바벨의 중량과 운동 강도가 다르므로 혼자서 판단하면 안 된다. 처음 시작할 땐 체지방량과 근육량을 측정한 후, 한 달 정도 운동한 다음 변화된 수치를 확인하는 것도 동기 부여가 된다. 운동을 통해 여러 수치가 개선되는 것을 보고 몸의 변화를 느끼는 것은 또 다른 즐거움이다.

3단계는 기초체력 키우기다. 나이 들수록 기초 체력은 중요하다. 40대 이후에 매년 근육이 1퍼센트씩 줄어든다고 한다. 우리 몸은 놀랄 만큼 잘 만들어져 있어서 쓰면 쓸수록 발달하고 안 쓰면 퇴화한다. 근력 운동을 하면 근육만 좋아지는 것이 아니라 근육이 둘러싼 뼈가 튼튼해져서 골다공증을 막아준다. 그래서 낙상 사고 시에 골절을 막아줄 수 있다. 또한 운동을 하면 뇌가 활성화되므로 가장 무서운 치매를 예방할 수 있다.

처음 운동을 시작할 땐 워밍업이 중요하다. 스트레칭으로 몸의 근육을 풀어주고 10여 분 정도 살짝 땀이 날 정도로 가볍게 준비 운동을 한다. 운동에 적합한 상태로 체온을 올려서 운동 효과도 높이고 부상도 막는다. 일반적으로 고정식 자전거를 타면 체온이 빨리 올라간다.

그다음에는 근력 운동을 시작한다. 상체와 하체로 나누어서 하루는 상체, 하루는 하체 순으로 번갈아서 한다. 운동의 효과는 운동할 때가 아니라 쉴 때 나타난다. 상체 운동은 벤치프레스가 기본이다. 트레이너에게 정확한 자세와 호흡을 배워서 해야 한다. 하체 운동은 스쿼트가 기본이다. 특히 허벅지 근육은 건강의 척도다. 처음엔 힘들더라도 하고 나면 근육이 커지는 것을 느낄 수 있다.

그 외에 팔운동, 복근운동, 허리운동 등 여러 가지가 있는데 본인의 필요에 따라 종류와 방법을 추가한다. 대부분 중량물의 기구를 이용한 운동이므로 정확한 방법을 알고 시행해야 한다. 근력운동은 대부분 무산소 운동이므로 근력 운동 후에는 유산소 운동을 해야 한다. 가장 일반적인 것이 흔히 러닝머신이라고 부르는 트레드밀이다. 뛰는 것보단 빠른 속도로 걷는 것을 권하고 싶다. 유산소 운동은 운동 후 30분 정도 지나야 효과가 나타나므로 최소한 30분 이상 유지하도록 한다.

운동 후에는 정리 운동을 한다. 처음 시작할 때처럼 가벼운 스트레칭과 맨손체조를 한다. 심호흡과 더불어 땀을 씻어내는 가벼운 샤워를 하면 좋다. 이렇게 한번 운동하는 데 대략 한 시간에서 한 시간 반 정도 걸린다. 매일 빠지지 않고 운동을 하려면 운동 자체가 또 다른 스트레스가 되므로 일주일에 서너 번 정도만 하면 된다. 근육은 운동 후 휴식기에 발달하므로 달걀과 닭 가슴살 등의 단백질을 충분히 섭취하도록 한다. 운동과 음식에 대한 정보는 많이 있으므로 본인의 취향과 체질에 따른다.

4단계는 지속하기다. 가장 중요한 것은 운동 자체보다도 꾸준한 지속성이다. 그러기 위해서는 처음부터 무리하지 말고 쉬운 운동부터 접근해야 한다. 처음엔 운동하러 나가는 것 자체가 귀찮고 번거롭게 생각되지만 좋은 습관을 하나 만든다고 생각하자. 운동을 끝내고 체육관을 나올 때의 상쾌한 기분을 즐기자. 운동 패턴도 계속 변화를 주어야 근육도 더 발달하고 재미도 있다. 자기 몸이 건강하고 편하면 세상이 편안해 보이지만 내 몸이 아프면 사는 게 재미없어지는 법이다.

운동하는 좋은 습관을 스스로 만들어보자. 나이 들면 중력에 의해서 체형이 아래로 처지는 등 볼품없어지기 쉽다. 운동 후 집에 와서 항상 전신 거울을 보자. 거울을 보며 폼도 잡아보고 변화하는 몸을 보며 자기만족감을 쌓아가자. 근육이 붙으면서 조금씩 변화해가는 자기 자신의 몸을 보는 것도 운동을 지속하게 하는 효과가 있다.

스마트폰으로 일주일에 한 번씩 사진을 찍어서 관찰하는 방법도 추천한다. 혼자서 꾸준히 하기가 어려우면 친구나 가족과 함께 하는 방법도 있다. 체력이 된다면 여러 종목을 다른 사람들과 같이하는 크로스핏(cross fit)도 추천할 만한 운동 방법이다.

사랑스런 손주가
내 노후를 망칠 수도 있다

　오랜만에 모임에서 옛 친구들을 만나면 스마트폰으로 손주 사진을 보여주며 자랑하는 이들이 있다. 그래서 손주 사진을 보여주며 자랑하는 사람은 1만 원씩 내고, 동영상을 보여주면 5만 원씩 내라는 우스갯소리도 나온다. 그럴 땐 나도 같이 손주 사진을 꺼내 보이며 서로 퉁 치자는 농담을 주고받곤 한다. 모처럼 만난 모임에서 이야기의 소재가 엉뚱하게 손자 자랑으로 이어지면 아직 자식이 출가 전이거나 손주가 없는 친구들은 대화에 끼기가 머쓱해지기 일쑤다. 그래서 모임에서는 그런 친구들을 '손자 바보' 또는 '손녀 바보'라고도 부른다. 손주 사랑은 다들 대단해서, 손주 있는 사람치고 모임에서 손주 바보가 아닌 사람은 없다.

| 미 서부 여행 중 잠시 쉬어가며 손자와 추억을 남겼다.

　젊어서 자기 자식 키울 때는 처음 겪는 일에다 먹고사느라 바빠서 아이들을 어떻게 키웠는지도 모른 채 시간이 지나버린다. 자식도 물론 사랑스럽고 예쁘지만 그보다는 고단하고 힘들었던 기억이 더 많다. 그러나 손주는 아무런 부담이 없다. 예쁜 손자들이 찾아오면 반갑고 좋지만 돌아가면 더 기쁘다. 예쁜 짓 할 때만 봐주고 성가시게 굴 땐 굳이 내가 뒤치다꺼리 안 해도 되기 때문이다. 그래도 손주들이 할머니 할아버지에게 재롱부리며 품에 안기는 즐거움이 노후에 누리는 최고의 기쁨 중 하나다.

손주 돌보미로 여생을 보내지 말자

과거만 해도 여성이 결혼하면 전업주부가 되어 직접 아기를 키웠다. 그러나 요즘은 맞벌이가 늘어나면서 친정 부모나 시부모에게 아이들을 맡기는 경우가 많다. 생판 모르는 남에게 귀한 아기를 맡기는 것보다 안심도 되고 용돈도 드리면 서로 좋은 일이다. 그러나 조부모의 경우, 이렇게 육아에 발을 들이면 자신의 자유로운 노후를 망칠 수 있으니 신중해야 한다. 평균수명이 짧았던 과거에는 손주를 보면서 여생을 보내는 것이 당연한 일이고 기쁨이었을 것이다. 그러나 100세 시대를 사는 능동적인 시니어가 손주 보느라 제2의 황금 전성기를 포기할 순 없다. 시니어들이 손주 보기에 여생을 보내면 안 되는 이유는 여러 가지다.

첫째, 육체적으로 매우 힘들다. 자식을 키운 경험이 있어서 상황에 잘 대처하며 손주를 잘 봐줄 수 있지만 10킬로그램에 가까운 아기를 들고 업고 앉았다 일어섰다 하는 일은 무릎 관절과 허리에 무리를 줄 수 있다. 또 천방지축인 아이들에게서 잠시도 눈을 뗄 수가 없는 등 생각보다 노동의 강도가 세다. 평소에 체력 관리를 잘한 사람은 괜찮지만, 보통은 손주 보기가 힘에 부친다.

둘째, 자신의 소중한 시간을 빼앗긴다. 손주가 한 명일 때도 힘들지만 만약 둘 이상이라면 문제는 아주 심각해진다. 미취학 때 어린이집이나 유치원 등하교를 책임지는 것은 물론이고 초등학교에 들어가서는 빨라진 등교와 하교를 고스란히 감당하고 보살펴야 한다. 인생의 황금기이자 자유가 시작되는 노후 10년을 이렇게 보내고 나면 정작 자신의 인생은 고스란히 손주들에게 빼앗기는 셈이 된다.

동창회 모임에 못 나오는 친구 중에는 이런 사정에 놓인 친구들이 꽤 있다. 부부 동반 해외여행을 같이 가자고 해도 손주 보느라고 못 간다는 이들도 많다. 옆에서 보기 안타까울 따름이다. 평생 자식들 키우느라 고생했는데 또다시 손주들 뒷바라지까지 해야 하는 딱한 인생이 되는 것이다.

셋째, 자식들과의 관계가 어색해질 수 있다. 처음에는 손주를 돌봐주시는 부모님에게 고마운 마음이 들어 관계가 매우 화목하다. 하지만 시간이 지나 사소한 갈등이 발생하면 서로에게 서운한 점들이 조금씩 쌓이게 된다. 특히 육아관이 부딪치면 이런 일들은 더욱 빈번히 발생한다. 어쩌다 아이가 다치거나 병이라도 나면 원망을 들을 각오도 해야 한다. 또 아이를 봐주는 대가로 부모님께 드리는 용돈이 서로에게 부담으로 작용할 수 있다.

넷째, 자기 자식은 본인들이 키워야 한다. 예전엔 출가외인이라고 해서 친정 근처에 오지 않고 살았지만 요즘엔 오히려 출가한 이후에 가까운 곳에 집을 얻어서 친정 부모에게 의지하는 젊은 부부들이 많다. 시부모에게 아이를 맡기는 경우도 매우 흔하다.

결혼을 했으면 두 사람 모두 부모로부터 독립해야 한다. 부모 입장에서도 자식들이 도움을 원하면 선을 확실히 그어 거절할 줄 알아야 한다. 부모의 거절이 자식들 입장에서 처음엔 서운하겠지만, 매정하더라도 이때 거절하지 않으면 그다음부터 벌어질 일들을 감당하기가 매우 힘들어진다.

아이들은 부모 중 한 사람이 주 양육자가 되어 키우는 것이 가장 바람직하다. 그러나 요즘은 맞벌이가 대세인 시대이니, 육아휴직을 낼 형편이 안 된다면 직장 어린이집과 국공립 어린이집, 사설 어린이집을 충분히 활용하는 것도 한 방법이다. 정부에서는 영아나 미취학 아동이 어린이집이나 유치원 등의 보육 시설을 이용하는 경우 보육 지원금을 주는 등 다양한 혜택을 시행 중이다. 앞으로도 영유아 관련 복지제도는 점점 늘어날 것으로 예상되므로 젊은 부부들은 출산 전에 이를 꼼꼼히 알아보아 자신들에게 맞는 육아 계획을 미리 세울 것을 당부하고 싶다.

행복한 이기주의자가 되자

두 세대 이상이 함께 살던 대가족 시대에는 손주들과 어울리면 좋은 점이 많았다. 천방지축으로 까불던 아이들은 차분해지고, 활력을 잃은 노인들은 생기가 돌았다. 서로 간에 넘치고 부족한 기운을 주고받으며 생활의 활력소가 되었다. 그 당시 우리의 노후는 당연히 그렇게 늙어간다고 생각했고, 부모는 무조건 자식을 위해서 희생만 하는 존재로 생각했던 것이다. 그러나 평균수명이 늘어나고 핵가족화되면서 지금은 생각이 많이 달라졌다.

최근에 서울시에서 60세 이상의 부모들을 설문조사한 결과, 가장 하고 싶지 않은 일 1위가 손주 돌보기였다는 사실은 더 이상 놀라운 이야기가 아니다.

어른이 사랑을 표현하는 방법 중 하나가 금전적인 표시라고 한다. 재산을 자식들에게 일찍 물려주지 말고 잘 간직하고 있어야 자식들도 자주 찾아온다는 지극히 현실적인 이야기가 있는 것을 보면 위 말은 어느 정도 맞는 이야기인 셈이다. 멋진 어른이 되려면 입은 닫고 돈지갑은 열라는 말이 있다. 사랑스런 손주들에게 너무 많은 시간과 체력을 빼앗기지 말고, 찾아오면 마음껏 사랑해주고 용돈을 많이 주자.

이 같은 손주 사랑을 이기적이라고 생각할 수도 있다. 물론 자신의 노후를 바쳐서라도 자식의 짐을 덜어주고 싶고 손주를 꼭 자기 손으로 돌보고 싶다면, 그런 조부모들은 거리끼지 말고 이 일에 뛰어들어 손주 사랑의 기쁨과 즐거움을 누리면 된다. 어릴 때 외할머니 댁에 놀러갔던 때를 떠올리면 지금도 할머니의 고소한 냄새가 아련하게 느껴진다. 부모 자식 간의 내리사랑은 자연의 이치이고 오래도록 이어진 절대적인 사랑이다.

그러나 100세 시대에 접어든 요즘, 부모 자식의 관계에도 새로운 사고의 패러다임이 필요하다. 서로의 삶을 존중하면서 부모 자식 간에도 적당한 거리가 필요하다.

레포츠 비용, 생각보다 많이 들지 않는다

　취미생활이나 레포츠를 즐기는 데 비용이 생각보다 많이 든다면 심리적인 부담이 생길 수 있다. 요즘은 식비나 부대비용을 정확히 n분의 1로 나누는 문화가 정착되어 있어 공통 경비를 처리하는 데 큰 문제가 없으나 레포츠 자체에 들어가는 비용은 각자가 부담하므로 과연 그 비용이 얼마나 들지 무척 궁금해하는 사람들이 많다. 이번에는 여러 가지 다양한 레포츠의 비용을 알아볼 것이다. 무엇보다 레포츠를 즐기는 비용이 최소한 자신의 일당을 넘지 않아야 마음껏 즐길 수 있을 테니 말이다.

비쌀 것 같은 레포츠, 얼마나 들까?

우선 장비 구입비를 제외한 각 레포츠별 하루 평균 소요 비용을 살펴보자. 편차가 클 수는 있지만 특별한 경우가 아니라면 등산은 근교 및 원거리에 따라 1만~5만 원, 골프는 15만~25만 원, 승마 6만~10만 원, 수상스키 5만~15만 원, 경비행기 10만~15만 원, 패러글라이딩 10만 원, 스쿠버다이빙 15만~20만 원, 산악자전거 1만~5만 원, 아마추어 무선 5만 원, 스키 10만~15만 원 정도다. 일일 소요 비용이 대략 10만 원이라고 보면 된다. 이 금액은 2019년 통계청에서 발표한 '가계금융 복지조사' 결과에 따라 따졌을 때 2인 가구 일 소요 비용 정도이므로 하루 레포츠를 즐기기에는 심리적인 부담이 그다지 크지 않은 액수라고 할 수 있다.

레포츠를 하다 보면 소위 '장비빨(?)'을 앞세우는 사람들이 꽤 있다. 물론 비싼 장비가 좋기는 하지만 동네 뒷산을 가면서 에베레스트 원정에서나 쓰일 만한 장비는 필요 없지 않은가? 자전거 역시 가벼운 것이 좋지만 한강에서 자전거를 타면서 초를 다투는 선수들이 타는 최고급 초경량 장비를 갖출 필요는 없다. 오히려 1천만 원이 넘는 비싼 자전거를 타는 사람들은 식당이나 화장실에 갈 때도 도난 위험 때문에 불안할 수밖에 없다.

내 친구들 중에도 레포츠를 즐길 때 장비를 더 사랑하는 이들이 있다. 이런 친구들의 취미는 레포츠보다는 좋은 장비를 모으고 관리하면서 바라보는 것이다. 이런 사람들은 또 그 나름대로 그 취미를 즐기면 된다. 나도 한때는 사진 촬영과 인화에 취미를 가지면서 카메라와 렌즈를 구입하는 재미에 빠진 적이 있다. 음악 감상이 취미인 사람들 중에는 고가의 하이엔드급 오디오 장비에 빠져 있는 사람도 많다.

여기서 명심할 것은 레포츠에 들어가는 기본 비용은 일회성으로 사라지는 것이 아니라는 점이다. 한번 구입한 장비는 거의 평생 쓸 수 있고, 업그레이드할 수도 있다. 소비재가 아니므로 일단 구입을 하면 추가 부담이 들지 않으며, 즐기기 위한 비용은 본인 수입의 하루치 정도로 생각하면 된다.

레포츠는 돈보다 열정으로 하는 것이다

그동안 내가 여러 가지 레포츠를 즐기는 것을 보고 주변에서는 나를 돈 많고 팔자 좋은 사람으로 여기는 경우가 많았다. 그러나 레포츠는 돈으로 하는 것이 아니라 본인의 '호기심'과 '열정'에서 출발하는 것이다. 그리고 이러한 레포츠는 진정 삶의 재미와 존재 가치를 높여준다. 따라서 노년의 삶을 나태하게 보내지 않고 항상 호기심에 가득 차서 부지런해지고 매일매일을 활기차게 살 수 있도록 한다.

레포츠는 상호 연관성을 가지고 있다. 한 가지를 즐기다 보면 다른 레포츠는 차려진 밥상에 숟가락 하나만 올리는 정도로 쉽게 할 수 있다. 예를 들면 스키복은 훌륭한 겨울 등산복이 될 수 있고 자전거 헬멧은 패러글라이딩과 암벽등반에 쓸 수 있으며 스킨스쿠버 슈트는 수상스키 탈 때 입을 수 있다. 아마추어 무선용 무전기는 경비행기와 패러글라이딩을 할 때 지상과 교신용으로 사용할 수 있으며 각종 레포츠 의류는 다른 레포츠를 위해서도 입을 수 있어 얼마든지 다목적으로 사용이 가능하다.

자기 자신의 노후를 즐기기 위한 비용이 부담스럽다면, 특별한 날 본인을 위해 선물한다고 생각하자. 남을 위한 선물은 많이 해봤지만 정작 힘들게 살아온 자기 자신을 위해서는 선물을 해본 기억이 없지 않은가?

돈을 많이 가지고 있는 것보다 자기가 쓰는 돈이 진짜 자기 돈이라는 말이 있다. 우리는 그동안 자신을 위한 지출보다는 가족을 먼저 생각하고 절약하면서 성실히 살아왔다. 이제 제2의 인생을 사는 존재로서 새로운 레포츠 세계에 과감히 투자해보자.

레포츠 장비는 본인 선택에 따라 구입할 수도 있고 렌트할 수도 있다. 레포츠 장비는 대개 고가이므로 어느 정도 장비에 대한 안목이 생기기 전까지는 클럽이나 동호회의 장비를 빌려서 사용한 후 구입하는 것이 좋다.

장비 종류는 워낙 다양해서 금액 편차도 크다. 일반적으로 레포츠를 즐기려면 장비 구입이나 준비 비용으로 300여만 원 정도가 필요하고, 하루 소요 경비는 10여만 원으로 생각하면 된다. 각자 자신의 경제적 능력에 따라서 많게 느껴질 수도 있고 적게 느껴질 수도 있는 금액이다. 그러나 앞에서도 계속 강조했듯, 이제는 열심히 살아온 자기 자신을 위해 선물하며 살 때다. 레포츠는 다양해도 평균적으로 드는 비용은 비슷하니, 자신에게 맞는 취미를 골라잡아라. 인생이 변할 것이다.

레포츠별 장비 구입 비용

장비는 구입할 수도 있지만 우선 한번 체험해보는 것뿐이라면 대여도 가능하다. 너무 부담 갖지 말고 일단 시도해보자.

- 등산 장비: 100만 원
- 골프 용품: 300만 원
- 승마 장비: 300만 원
- 수상스키: 200만 원
- 경비행기: 400만 원(면허 따는 비용)
- 패러글라이딩: 300만 원
- 스쿠버다이빙: 300만 원
- 산악자전거: 300만 원
- 아마추어 무선 장비: 200만 원
- 스키 장비: 200만 원

하고 싶은 레포츠가 있다면 동호인 카페부터 가입하라

인터넷이 활성화되면서 인터넷 안에는 수많은 정보가 넘쳐난다. 카페 형태로 각종 동호회 모임이 활발하게 운영되고 있는 곳도 인터넷 세상 속이다.

레포츠도 마찬가지다. 관심 있는 레포츠를 검색해보면 수많은 동호인 카페가 활동 중인 것을 알 수 있다. 레포츠 동호인 카페에는 생생한 정보가 가득하고 최신 트렌드도 알 수 있다. 대표적인 포털 사이트로 '다음'과 '네이버'가 있다. 대부분 '다음'에 있는 카페는 '네이버'에도 개설되어 있다. 인터넷이 친숙하지 않으면 이런 기회에 컴퓨터와 친숙해지도록 하자.

카페 가입은 이렇게

먼저 본인의 이메일 계정을 만들어야 한다. 이때 실명으로 해야 하며 가입 약관에 동의해야 한다. '다음'이나 '네이버'에 회원 가입을 하면 자연스럽게 이메일 계정이 만들어지는데, 아이디와 비밀번호를 본인이 정할 수 있다. 이메일 계정이 이미 있는 사람은 카페 검색으로 들어가면 된다.

그다음 자신이 원하는 레포츠를 검색창에서 검색을 한다. 자전거 동호회를 찾고 싶으면 '자전거'라고 키워드를 쳐서 나오는 글을 살핀다. 이 중에서 카페를 찾으면 되는데, 아무래도 가입 회원수가 많은 곳이 활성화되어 있는 카페다. 카페 이름 옆에 보면 가입된 회원 수와 순위가 나온다. 카페의 규모가 전국적인 모임도 있으나 지역 모임도 있으므로 본인이 편리한 카페에 가입하면 된다. 지역적인 모임의 경우 회원수가 적더라도 오프라인 모임이 활성화되어 있는 경우가 많다.

온라인 회원 수가 많은 카페도 실제 오프라인에서 활동하는 회원은 얼마 되지 않는다. 회원 수가 많더라도 가끔 한 번씩 들러서 글만 읽고 나가는 회원들이 대부분이기 때문이다. 회원 가입하기 전에 본인의 성향과 맞는 동호회인지 손님으로 들어가서 몇 가지 카페 소개 글을 읽어보면 카페의 성격을 어느 정도 알 수 있다. 회원 가입을 하면 처음에는 신입회원으로 글쓰기나 읽기에 제한을 받는다. 대부분 회원 등급에 따라서 자격을 주기 때문에 활동을 하면서 등급을 올리면 된다.

카페 별명으로 실명을 요구하는 카페도 있으나 대부분 편한 별명을 사용하고 있다. 나 같은 경우는 어느 카페나 별명을 '브라보'로 가입하

| 동호회 회원들과 산악자전거로 산을 타면 그렇게 즐거울 수가 없다.

는데, 간혹 같은 별명이 중복되는 경우가 있다. 그럴 때는 나중에 가입한 사람이 별명을 바꾸어서 가입해야 한다.

레포츠 카페는 오프라인 활동도 같이하기 때문에 모임 공지가 올라오면 참여 의사를 밝히고 모임에 참석하는 것도 좋은 방법이다. 어느 정도 카페 활동을 하다 보면 해당 레포츠의 다른 카페가 궁금할 수도 있을 것이다. 그럴 땐 비슷한 다른 카페에 중복해서 가입해도 무방하다.

동호인 카페, 이래서 좋다

레포츠 동호인 카페에 가입하면 레포츠의 초보자부터 고수들까지 골고루 있으므로 레포츠를 배우는 데 필요한 여러 정보를 얻을 수 있다. 카페를 운영하는 카페지기나 운영자들은 대부분 해당 레포츠의 전문가들이며, 신입 회원에게 친절하게 가르쳐주려고 항상 대기 중이다. 궁금한 사항을 Q&A에 질문하면 상당히 정확한 답을 얻을 수 있다.

또 레포츠 장비를 구입할 때 시행착오를 줄일 수 있는 여러 가지 팁을 알 수 있고, 카페 내에서 장비나 물품 거래도 직접 할 수 있어서 비용도 절감할 수 있다. 모두에게 필요한 물건은 공동구매를 통해서 합리적인 가격으로 구매할 수도 있다.

자전거로 출퇴근하는 사람들의 모임인 '자출사' 카페의 경우 회원 수가 70만 명 가까이 되고 글도 100만 건 이상 올라와 있다. 각 지역별 모임도 있고, 자전거 용품과 옷도 공동으로 구매하며 자전거 여행에 대한 정보도 많이 들어 있다.

오프라인에서의 모임은 직업, 나이, 재산 등 모든 걸 떠나서 오로지 자전거를 취미로 하는 대화만 하며 발생하는 비용은 무조건 n분의 1이다. 멋진 어른이 되고자 지갑을 열어 커피 한잔 사려고 해도 각자 부담하겠다고 하는 분위기다.

아들 뻘 되는 젊은이들과 어울릴 수 있어서 항상 신선한 자극을 받을 수 있다. 하지만 조심해야 할 점도 있다. 카페의 글은 수많은 사람이 읽어보기 때문에 글을 쓸 때는 남을 비방하거나 동호회 목적에 맞지 않는 글은 절대 올려선 안 된다. 간혹 술을 마시고 글을 쓰거나 광고성 글을 올려서 카페에서 강제로 퇴출되는 경우도 있다. 카페에 글을 쓸 때는 항상 배우는 자세와 어른으로서 품위를 지켜야 한다.

대표적인 레포츠 카페

참고삼아 내가 가입되어 있는 카페를 소개한다. 내 개인 취향이므로 다른 유사한
카페에 가입해도 된다.

패러글라이딩
- 언덕위에바람(http://cafe.daum.net/gopara)
- 서독산 매니아(http://cafe.daum.net/seodocsan)
- 진 매니아(http://cafe.daum.net/ginmania)

산악자전거
- 강남송파연합(http://cafe.daum.net/spmtb)
- 자전거와 놀자(http://cafe.daum.net/wsdclub)

경비행기
- 경비행기입문정보(http://cafe.daum.net/ULAircraft)
- 예모항공클럽(http://cafe.daum.net/flyemo)

카메라
- 고프로 매니아(http://cafe.daum.net/gopromania)

스카이다이빙
- 스카이다이빙(http://cafe.daum.net/skydivingusa)

와인
- 와인리더 소믈리에(http://cafe.daum.net/wineSommelier)

승마
- 말달리자 승마동호회(http://cafe.daum.net/Lovehorse)
- 고골승마클럽(http://cafe.daum.net/gogolhorseclub)

여행

- 세계자전거여행(http://cafe.daum.net/worldbike)
- 드라이빙해외여행(http://cafe.daum.net/drivingtour)
- 5불당세계일주(http://cafe.daum.net/owtm)

등산

- 히말라야여행동호회(http://cafe.daum.net/tibethimalaya)
- 레솜삐리리(http://cafe.daum.net/reshemfiriri)

오토바이

- 할리데이비슨(http://cafe.daum.net/harleydavidson)

명상

- 미래촌(http://cafe.daum.net/mireachon)

음악

- 7080취미밴드(http://cafe.daum.net/seodocsan)
- 베이스클럽(http://cafe.daum.net/jazzbass)

일단 저질러라!
그러면 길이 보인다

"Just do it"

유명한 나이키의 광고 문구다. 나는 이 주제로 TEDx(테드엑스) 강연을 한 적이 있다. TEDx는 기술(Technology), 엔터테인먼트(Entertainment), 디자인(Design)을 의미하며 각 연사는 기술, 예술, 감성을 가진 소재로 18분간 강연한다. 우리나라의 세바시(세상을 바꾸는 시간 15분)와 비슷한 강연이라고 보면 된다. '널리 퍼져야 할 가치 있는 아이디어(Ideas worth spreading)'를 세상에 알리자는 취지로 만들어졌다.

이 자리에서 나는 그동안 내가 저지른 재미있는 놀이에 대해서 강연했다. '저지르다'라는 표현은 잘못이나 사고가 생겨나게 행동하다는 사전적 뜻이 있어 나쁜 일을 시작한다는 어감이 크지만, 나는 일을 벌여놓고 본다는 좀 더 넓은 의미로 이 단어를 쓴다. 일이란 일단 벌여놓으면 어떤 식으로든지 수습되게 되어 있다. 아무것도 시작하지 않는 것보단 벌여놓는 게 재미있다.

결혼도 할까 말까 망설여지면 일단 해보고 후회하라는 말이 있다. 결혼 한번 못 해보고 죽은 사람보다는 결혼이라도 해본 사람이 더 낫지 않을까? 공동묘지에 가보면 수많은 무덤이 있다. 다 태어나고 죽은 이유가 있다. 핑계 없는 무덤은 없다. 살아 있을 때 이 핑계 저 핑계 대지 말고 무엇이든 도전해보고 저질러보자. 더 나이 들어서 그때 해볼걸 하고 후회하지 말고 일단 저지르자. "Just do it!"

시작하기 딱 좋은 나이인데

전국노래자랑 애창곡 1위로 떠오르고 크게 히트 친 노래가 있다. 바로 가수 오승근 씨가 부른 〈내 나이가 어때서〉라는 노래다. 이 곡은 지금도 야유회나 노래방 가면 꼭 한 번은 듣게 된다.

이 노래의 가사 가운데 '어느 날 우연히 거울 속에 비쳐진 내 모습을 바라보면서, 세월아 비켜라 내 나이가 어때서 사랑하기 딱 좋은 나인데'라는 대목이 있다. 이 가사처럼 지금의 활기차고 능동적인 시니어에 해당하는 50대부터가 무얼 하든 '딱 좋은 나이'다. 더 늦기 전에 자신의 남은 인생 중에 가장 젊은 오늘부터 무엇이든 저질러보자. 그동안 남의 시선을 의식해서 하지 못했던 취미생활이나 나중에 해야지 하고 미루었던 마음먹은 일이 있다면 용기를 내서 도전해보자.

《논어》〈위정편〉에는 나이에 대한 이야기가 나온다.

'마흔에는 미혹되지 않았고(四十而不惑), 쉰에는 하늘의 명을 깨달아 알게 되었으며(五十而知天命), 예순에는 남의 말을 듣기만 하면 곧 그 이치를 깨달아 이해하게 되었고(六十而耳順), 일흔이 되어서는 무엇이든 하고 싶은 대로 하여도 법도에 어긋나지 않았다(七十而從心所欲 不踰矩).'

그러나 이런 공자님 말씀도 거꾸로 뒤집어서 해석해볼 필요가 있다. 40세에 '불혹'이라는 뜻은 유혹에 넘어가지 않는다는 뜻보다는 그때가 가장 유혹이 많으므로 경계하라는 뜻이다. 사회에서 연륜이 쌓이면서 스카우트에 대한 유혹, 직장을 그만두고 자기 사업을 하고픈 유혹, 이성의 유혹도 있다. 50세에 '지천명'이라는 뜻은 하늘의 명을 깨달았다기보다, 인생의 황금기에 하늘 높은 줄 모르고 자기가 최고인 줄 알지만 곧 내리막길이니 경거망동하지 말란 뜻이다. 60세에 '이순'이라는 뜻은 그 나이가 되면 남의 말을 듣기보다는 자기 인생 경험으로 말이 많아지고 남을 가르치려 하니 역설적으로 듣는 데 집중하라고 당부한 말이다. 70세에 '종심'이라고 한 것은 그 나이가 되면 어른 대접 받으려고 함부로 행동할까 봐 행동을 조심하라는 뜻이다.

2500년 전에 활동한 공자님도 이 같은 생각을 하신 것을 보면, 나이에 따라 먹는 사람들의 보편적인 마음은 예나 지금이나 그다지 달라진 게 없다는 생각이 든다. 때로는 공자님이 지금 세대를 염려해서 역설적으로 나이에 대한 이야기를 논어에 기술한 것은 아닌가 하는 생각을 해본다.

나이 들었다고 대접받으려는 꼰대 의식을 버리고 지금이 인생의 황

| 공자님의 말씀을 보면 예나 지금이나 나이 듦에 대한 생각은 다 같은 듯하다.

금기라고 생각하고 호기심을 좇아서 움직여보자. 자기의 인생을 사랑하는 사람은 가만있는 법이 없다. 무엇을 하든지 새로운 호기심을 찾아 활발하게 움직인다.

잘 노는 사람들의 특징

우리 삶의 목적은 무엇일까? 너무 철학적인 질문 같지만 쉽게 생각하면 자신이 좋아하는 일을 하면서 사랑하는 사람과 행복하게 사는 것이다. 그동안 우리는 자의든 타의든 자신이 좋아하는 일보다는 가족을 위해서 돈 버는 일에 열중해왔다. 그러나 이제부터는 자신이 좋아하는 일에 몰두하고 행복을 되찾는 것이 자기 삶의 주인이 되는 유일한 길이다. 20세기는 부지런하게 뛰는 근면 성실한 사람이 성공했지만, 21세기는 잘 노는 사람이 성공한다. 특히 나이 들어서 잘 노는 사람은 모두의 부러움의 대상이 된다.

아이들은 항상 재미있는 놀이만 찾기에 늘 행복하다. 재미가 없다는 말은 행복하지 않다는 것이다. 재미를 느끼려면 항상 새로운 시도를 해야 한다. 그러나 나이 들수록 새로운 시도를 하려는 노력을 게을리하게 된다. 그렇다면 잘 노는 사람들에겐 어떤 특징이 있을까?

첫째, 잘 노는 호기심이 많다. 호기심이 많은 사람들은 부지런하다. 가만있지 않고 어린아이의 눈으로 사물을 본다. 어린이의 눈으로 세상을 보면 세상이 참 재미있고 신기한 것들로 가득 차 있다. 매일 똑같은 놀이만 하면 재미없다. 아리스토텔레스는 호기심이야말로 인간을 인간이게 하는 특성이라고 주장했다. 아인슈타인은 "나는 천재가 아니다. 다만 호기심이 많을 뿐이다"라고 말했다. 풍부한 상상 속에서 다양한 창조 활동이 가능함을 명심하자.

둘째, 잘 노는 사람은 자발적이다. 누구의 강요가 아니라 스스로 재미난 일을 찾아 나선다. 사람들은 일의 반대말이 여가나 놀이라고 생각한다. 그러나 여가는 일의 반대말이 아니다. 일의 반대말은 나태다. 21세기에 살아남기 위해서는 성실만으로는 부족하고 노는 것도 남들보다 한 발 앞서 잘 놀아야 한다. 잘 노는 사람은 자신을 돌이켜보는 데도 매우 능숙하다. 남 핑계를 대지 말고 일단 시도해보자.

셋째, 잘 노는 사람은 창의적이다. 심리학적으로 창의력과 재미는 동의어다. 모든 놀이는 일단 재미가 있다. 창의적이 되려면 마음을 열어야 한다. 여러 가지를 시도해보기도 하고, 시행착오를 겪으면서도 도전하기를 멈추지 않는다. 혼자만의 시간도 가져보고 혼자서도 할 수 있는 취미생활에 빠져보는 것도 좋다. 본인 스스로 미쳐볼 수 있는 아이템을 찾자.

넷째, 잘 노는 사람은 대인관계가 좋다. 함께하는 놀이는 상대방을 이해해야 하므로, 상대방의 입장에서 생각하는 역지사지의 마음을 갖게 된다. 사회생활은 대인관계가 전부라고 할 정도로 관계와 관계 속에서 자신의 자존감을 찾는 일이다.

지금의 자기 모습은 중요한 순간마다 자신이 내린 선택이 모인 결과물이다. 누구를 탓할 필요도 없고 시대를 한탄할 필요도 없다. 지금까지의 삶은 자신의 선택이었고, 나머지 삶도 자신의 선택대로 살아가는 것은 당연한 이치다. 인생은 후반전에서 중요한 것은 앞으로 얼마나 행복하게 재미있게 살아가느냐 하는 것이다. 결국 잘 노는 사람이 성공한 사람이다.

익스트림 레포츠, 위험하진 않을까?

남들이 안 하는 여러 가지 익스트림한 레포츠를 즐기다 보니 주변에서 "그거 너무 위험한 것 아닌가?", "그러다 다치면 어떡해?", "나이 들어서 그런 운동은 무리야" 등의 말을 자주 듣는다.

사실 나는 굉장한 겁쟁이다. 제일 무서운 것이 주사 맞는 것과 치과가는 일이다. 자동차를 운전할 때도 앞차와의 거리를 지키고 정해진 주행속도로만 운전한다. 심지어 고속도로를 주행할 때는 반대편에서 차가 넘어올까 봐 1차선은 피해서 운전한다. 길을 걸을 때도 건물에서 낙하하는 물건이 있을까 봐 건물과 떨어져 걷는다.

우리가 아는 위험은 크게 피할 수 있는 위험과 피할 수 없는 위험이있다. 피할 수 없는 위험은 천재지변이나 자신이 통제할 수 없는 위험이다. 그러나 레포츠에서 일어나는 위험은 다 자기 자신이 통제할 수 있고 피할 수 있는 위험이다. 모든 레포츠는 위험 회피에 대한 교육을 받은 후에 즐겨야 한다. 레포츠를 하며 만나는 위험은 자신이 만드는 또 하나의 두려움이다. 이 두려움을 극복할 때 짜릿한 희열을 느낄 수 있다.

위험을 알면 피할 수도 있다

패러글라이딩은 하늘을 날아다니기 때문에 항상 위험에 노출되어 있는데 위험을 피하기 위한 나름대로의 규칙이 있다. 우선 바람이 거친 날은 비행하지 않는다. 만약 패러글라이더가 찢어지거나 공중에서 충돌할 때를 대비해 항상 보조 낙하산을 착용하고 비행하며 그 지역 전문가의 더미(dummy) 비행에 대한 보고를 받은 후 비행한다. 더미란 패러글라이딩에서 최초 이륙자를 부르는 말이다. 가장 먼저 비행하는 이들은 당일의 바람 상태를 파악해 초보자들에게 어느 부분에서 상승이 있고 하강이 있는지, 외류 지역은 없는지, 초보자도 비행이 가능한지 등을 파악해서 알려준다. 그 외에도 몇 가지 이륙과 착륙 시의 안전 수칙만 지킨다면 패러글라이딩은 상당히 안전한 스포츠다. 오히려 비행을 통해서 자제심과 인내를 배우며 안전에 대한 생각을 습관화할 수 있다.

산악자전거는 산에서 타므로 주의할 점이 있다. 산에 가기 전날 브레이크, 타이어 등 자전거를 미리 점검한다. 급경사나 장애물이 있어 위험해 보이는 길은 내려서 자전거를 끌고 간다. 넘어져도 혼자 넘어지므로 헬멧 등 안전 장구를 착용한다면 부상을 막을 수 있다. 이러한 기본

수칙만 지킨다면 한강이나 시내에서 자전거를 타는 것보다 훨씬 안전하다. 한강에서는 갑자기 어린이가 불쑥 자전거 길로 뛰어들어올 수도 있고 과속으로 달리는 자전거와 충돌할 위험도 있다. 시내에서도 자동차와 행인 등 자신이 예측할 수 없는 위험에 빠질 수 있다.

암벽등반은 등반 방식과 장비의 발달로 상당히 과학적이고 안전한 레포츠가 되었다. 로프, 카라비너, 안전벨트 등 등반 장비는 국제 공인을 거친 제품들이므로 안심하고 써도 된다. 등반 시에 필요한 장비를 반드시 확보하고 오르면 추락에 충분한 대비가 된다. 등반 전에는 장비를 확보하는 방법과 추락에 대비한 교육을 반드시 받아야 한다. 처음 등반하는 암벽 코스는 반드시 경험자와 함께한다.

스쿠버다이빙은 이론적인 교육이 중요하므로 반드시 교육 후 라이선스를 따고 즐겨야 한다. 잠수하기 전 착용한 장비를 점검하고 계기의 작동 여부를 확인한다. 잠수병을 예방하기 위해서 급한 상승을 하지 않는다. 항상 예비 레귤레이터를 준비한다.

스스로 행동을 통제할 수 있는 익스트림 레포츠를 통하여 안전한 범위 내에서 자연을 즐기면 항상 안전이 보장된 짜릿함을 느낄 수 있다. 레포츠도 부상 없이 즐겨야 오래도록 할 수 있다. 순간의 자만은 금물이다.

실패했을 때 곧바로 다시 도전하라

예전에 패러글라이더 동호회 정기모임에서 단체 최면을 해준 경험이 있다. 점진적인 최면 유도를 한 다음 각자의 몸 주변에 누에고치 같은 방호벽을 생성하여 어떠한 경우에도 우리 몸을 방탄조끼처럼 보호한다는 암시를 준 것이다.

실제로 여러 가지 익스트림 레포츠를 즐기며 위험한 상황에 많이 노출되고 사고도 많이 있었지만, 생각 이전에 몸이 자동으로 반응하여 위험에서 벗어난 경우가 여러 번 있었다.

패러글라이딩하다 추락하여 나무에 걸린 경우도 여러 번 있었고, 승마 중 구보하다 말의 돌연 행동으로 낙마한 적도, 산악자전거 타다가 산에서 굴러 넘어진 적도 있었다. 그러나 그때마다 몸이 안전하게 떨어졌다. 이러한 잠재의식의 방어 본능을 항상 자기 암시로 입력시켜 놓으면 외부적인 위험뿐만 아니라 항상 건강을 유지할 수 있으며 즐겁게 건강한 삶을 누릴 수 있다. 하늘에서 떨어져도 살아남을 수 있다고 생각하자.

처음 걸음마를 배울 때 넘어지면서 배우듯 자전거도 넘어지지 않고는 배울 수가 없다. 하물며 새가 아닌 인간이 하늘 날기를 배울 때는 많은 이륙 실패와 비행에 대한 두려움을 이겨내야 한다. 비행을 시작한 지 꽤 오래되었지만 아직도 하늘을 날기 전에 가벼운 흥분과 함께 스스로 만든 두려움을 느낀다. 이 두려움에서 벗어나 하늘로 오르면 말로 형언키 어려운 희열을 느낀다. 그래서 항공 스포츠는 중독성이 아주 강한 스포츠다.

해외 출장으로 약 한 달 이상 비행을 못 하다가 토요일에 비행에 나섰다. 일기예보는 북서풍에 일부 지방은 강풍 주의보도 있었다. 이륙장에 오르자 바람은 센 듯했지만 이륙에는 그다지 지장이 없어 보였다. 상공

| 패러글라이딩 중 나무 위로 추락했던 아찔한 순간.

의 바람은 강하지만 깨끗했다. 바람의 강약에 따른 주기를 기다려 글라이더를 끌어올렸다. 이때 몸을 돌리기 전 순간의 가스트(gust)로 몸이 번쩍 들리며 균형이 무너졌다. 곧이어 자세를 잡기 전에 몸이 솟구쳤고 기체는 전진이 안 되며 뒤로 흘렀다. 순간적으로 이륙 실패를 느낀 나는 몸을 방어하며 이륙장 뒤에 있는 가장 높은 나무에 충돌하였다.

사고의 순간에는 늘 그렇듯이, 나는 손가락 발가락을 움직여보고 몸의 부상 정도를 체크했다. 다행히 약간의 아픔은 있지만 멀쩡했다. 비상용 톱으로 나무를 절단하고 주변의 도움을 받아 어둑해질 무렵 하산했다. 그다음 날 장비를 정리하고 날개가 찢어진 곳을 보수하고 기체와 연결된 산줄을 확인하며 장비를 점검하고 또다시 비행하러 가기로 했다.

약 한 달 만에 하는 비행에서 기체 손상에 이륙 실패까지 하고 다음 비행을 미룬다면, 내 몸의 기억 세포와 근육들에는 실패가 메모리되어서 자신감이 떨어지고 두려움이 커질 수 있다. 이 모든 것을 이겨내는 방법은 다시 비행에 도전하여 깨끗이 성공하고 실패와 두려움을 말끔히 떨쳐내는 것이다.

골프 연습을 할 때도 공이 가장 잘 맞을 때 연습을 중단해야 한다. 공이 잘 안 맞을 때 중단하면 내 몸의 근육은 안 맞을 때를 기억하기 때문이다. 다행히 다음 날의 기상은 약간 부드러워졌다. 내 몸과 마음은 자동으로 근육이 익힌 동작을 하나하나 수행하며 릿지(ridge) 비행과 윙오버(wing over) 기동과 착륙까지 안전하게 멋진 비행을 마무리하였다.

집으로 돌아오는 차 안에서 콧노래가 절로 흘러나오고 모든 일에 자신감이 생기며 새로 태어난 기분이 들었다. 헬스클럽에서 가볍게 몸을 풀고 사우나로 온몸의 근육을 이완시켰다. 내 몸은 나의 것이라는 생각으로 하나하나 돌아보니 새롭기까지 했다.

두려움을 극복하는 가장 좋은 방법은 실패를 딛고 재도전하여 몸이 가지고 있는 두려움의 기억을 잠재의식에서 말끔히 제거하는 것이다. 오랜만의 상쾌하고 멋진 비행이 나의 실패와 두려움의 기억을 말끔히 씻어준 하루였다.

·3장·

행동주의자를 위한 놀이

패러글라이딩–
완전한 자유를 느끼다

　해외여행 자유화가 시행된 직후 유럽 알프스를 배낭여행하던 중에 패러글라이더를 처음 보았다. 오전에 같이 산악 열차를 타고 융프라우에 올랐던, 커다란 배낭을 멘 사람들이 오후에 인터라켄 호수 주변에 형형색색의 패러글라이더로 하산하는 모습을 보고 귀국하면 꼭 배워보기로 결심했다. 특히 등산을 좋아하는 사람이라면 걸어서 산에 오르고 하산할 때는 배낭에서 패러글라이더를 펼쳐서 하늘을 날아 하산한다면 이보다 신나는 일은 없을 것이다. 아라비안나이트의 하늘을 나는 양탄자나 손오공이 타고 다니는 구름 근두운 같은 마법이 따로 없다. 설악산 대청봉에서, 지리산 천왕봉에서, 태백산 천제단에서 날아서 내려올 때는 내가 마치 신선이 된 것 같은 기분이었다. 하늘은 난다는 것은 인류가 오래전부터 꿈꾸어왔던 일이다. 흔히들 기분이 좋을 땐 하늘을 나는 기분이라고 하지 않는가.

처음 비행할 때는 몸이 공중에 뜨기 때문에 비행 전에 느끼는 긴장감과 두려움이 어느 스포츠보다도 크다. 그러나 막상 몸이 공중에 떠서 하늘을 날게 되면 완벽한 자유를 느낀다. 일시에 모든 공포에서 벗어나 진정한 평화를 느끼면서, 동력에 의지하지 않고 오로지 바람과 나 자신의 조종만으로 새처럼 내 마음대로 날아갈 수 있는 것이다.

누구나 쉽게 하늘을 날 수 있다

패러글라이딩은 낙하산을 뜻하는 패러슈트(parachute)와 활공을 뜻하는 글라이딩(gliding)이 결합된 말이다. 처음에는 사각형의 낙하산 형태였으나 발전을 거듭해 비행기 날개 모양의 날렵한 이중 천 중간에 공기가 들어가 부풀도록 설계되었다. 이런 설계 덕에 물체를 위로 끌어올리는 양력을 발생시켜 상승 비행도 가능하다.

산 사면의 상승풍이나 더워진 상승기류를 만나면 서너 시간도 거뜬히 비행할 수 있고, 우리나라 서해안 쪽 산에서 멀리 동해안까지 비행할 수도 있다. 비행 중에 속도 조절과 방향 전환이 아주 간단하며 요즘은 장비가 작고 가벼워 등산용 배낭에도 쏙 들어간다. 특히 패러글라이더의 제작 기술은 우리나라가 세계 최고 수준을 자랑한다. 외국의 유명 선수들이 우리나라 제품으로 각종 대회에 입상하기도 한다.

항공 스포츠는 하늘을 비행하므로 상당히 위험해 보이지만 실제로 해보면 생각보다 안전하다. 모든 비행물체는 이륙할 때와 착륙할 때가 가장 중요한데 패러글라이딩도 마찬가지다. 처음엔 지상 교육을 일주일 정도 받고 교관의 지시에 따라 조종 줄만 움직여주면 스스로 하늘을 날 수 있다. 다른 스포츠와 비교해보아도 시작하기가 쉬운 레포츠다. 묘기 비행만 안 한다면 바람에 몸을 맡긴 채 편안하게 비행을 즐길 수 있다.

나이 들어도 도전하기 좋은 레포츠로, 현재 비행을 즐기는 대부분의 동호인 나이가 40~50대 이상이다. 60세에 비행을 시작해서 80이 넘은 지금까지도 비행을 즐기는 사람도 있다. 처음에 시도하기가 두렵다면 교관과 함께 타는 탠덤(tandem) 비행을 해도 좋다. 그러나 이왕 비행하려고 결심했다면 처음부터 정식 교육을 받고 시작해보자.

일반적인 패러글라이딩은 장비가 많아 배낭이 크고 무겁다. 따라서 차를 타고 정해진 산 능선의 이륙장에서 널찍한 공터가 있는 착륙장으로 비행하는 것이 원칙이다. 이런 곳에서 비행을 즐긴 다음, 어느 정도 이륙과 착륙에 자신이 생기면 이륙에 지장이 될 만한 나무나 방해물이 없는 일반 산에서도 비행할 수 있다. 이럴 때는 항상 혼자 비행하지 말고 동호인들과 같이 비행해야 한다.

비행을 즐기기 위한 필수품

패러글라이딩을 즐기기 위한 기본 장비는 캐노피와 하네스다. 캐노피는 패러글라이더의 날개가 되는 천으로 본인 체중과 실력에 맞게 고른다. 하네스는 이 날개를 몸에 부착하기 위한 일종의 안전벨트와 같은 장치다. 장시간 비행을 해야 하기 때문에 의자 형태의 편안한 하네스가 좋다. 안전을 위한 헬멧과 발목을 덮는 등산화도 필수다. 또 지상과 통화를 할 수 있는 무전기와 방향을 알 수 있는 GPS가 있으면 좋다. 상승 중인지 하강 중인지를 소리로 알려주는 바리오미터도 갖추면 좋다. 공중에서는 내가 상승 중인지 하강 중인지 보고 비교할 수 있는 물체가 없어, 몸으로 느끼기가 어려운 까닭이다.

그 외에 장갑과 고글을 착용해야 한다. 복장은 특별한 규정은 없으므로 행동하기 편한 옷을 입으면 된다. 위아래가 붙은 비행복은 주머니에 지퍼가 있어서 공중에서 물건을 잃어버리지 않도록 도와준다. 비행 중에는 지상으로 소지품이 떨어지지 않게 끈으로 묶어야 한다. 나도 공중에서 비행 중에 전화기를 떨어트린 경험이 있다. 처음 교육 중에는 자기 고유의 장비가 필요 없으며 일반적으로 교관이 제공한다.

첫 경험이 가장 강렬하다

가장 첫 번째로 배울 것은 패러글라이더의 큰 날개를 지상에서 세우는 방법이다. 거대한 날개를 세우려면 많은 연습을 해야 하는데, 연습할 때는 반드시 바람을 정면에서 맞으며 해야 한다. 지상 연습 때에도 머리 보호를 위한 헬멧은 꼭 쓴다. 날개가 크기 때문에 지상에서도 얼마든지 몸이 공중에 뜰 수가 있기 때문이다.

이 지상 교육은 바람을 맞으며 하기 때문에 상당히 운동량이 많다. 앞으로 달려 나가며 몸으로 날개를 세워서 균형을 잡아야 한다. 3~4일 정도의 지상 연습이 끝나면 작은 언덕에서 뛰어 나가는 연습을 한다. 이럴 때 몸이 살짝 뜨므로 조정 줄을 당겨 안전하게 착륙 연습을 한다.

일주일 정도 되면 교관의 판단에 따라 단독 비행이 가능한 경우 실전에 들어간다. 마치 병아리가 처음 하늘을 나는 연습을 하는 것처럼 재미있다. 단독으로 첫 비행을 할 때는 지상에서 경험이 많은 교관이 무전기를 통해서 방향 전환과 조정 줄 조작을 알려주기 때문에 교관을 믿고 그대로 따라하면 된다. 마치 리모트컨트롤하는 무선조종 비행기와 똑같이 교관의 지시대로만 하면 안전하게 착륙장으로 들어올 수 있다. 처음 비행한 기억은 영원히 잊을 수 없을 정도로 강렬하며 다른 레포츠의 성취감과 비교하기가 어렵다.

최근 장비의 발전과 더불어 패러글라이딩 인구가 많이 늘고 있다. 또 이륙장과 착륙장이 잘 갖춰진 곳이 많고 체계적으로 교육받을 수 있는 기관도 많아졌다. 관심이 있다면 일단 인터넷에서 패러글라이더를 검색하여 본인이 다니기 좋은 패러글라이딩 교육 기관을 선정한다. 어느 곳이나 교육비용은 별 차이가 없고 10만 원 내외로 생각보다 저렴하다.

교육이 끝나면 본인과 잘 맞는 동호회에 가입하여 단체 활동을 하자. 이륙 시 도움을 받을 수 있고 기상에 대한 정보도 얻을 수 있으며 비행 중 불시착할 때에도 동호인들의 도움으로 탈출할 수 있다. 안전하지만 위험이 따를 수 있는 레포츠이기 때문에 동호인 활동은 필수다.

패러글라이딩이야말로 시니어들의 스포츠다

우리나라는 주로 서풍이 불기 때문에 서쪽으로 경사진 산에서 패러글라이더를 많이 탄다. 사계절 중 겨울에 바람이 제일 안정적이고, 봄에는 바람이 불규칙하므로 비행하기에 위험하다. 그러므로 바람이 안정적인 가을, 겨울이 비행을 배우기에 적합한 계절이다.

이륙장 근처까지 차량 진입이 가능한 활공장으로 양평의 유명산, 보령의 성주산, 단양의 두산과 양방산, 문경의 문경활공장 등이 있다. 착륙장도 넓고 안전해서 비행을 배우기 좋은 곳으로, 이런 곳에서는 숙달된 비행 교관과 함께 타는 탠덤으로 비행의 맛을 느껴볼 수 있다. 또한 그때그때 바람에 따라 활공장을 바꾸어가며 비행하기도 한다. 어느 정도 비행에 자신이 생기면, 정해진 활공장이 아니라도 바람 방향만 맞으면 비행이 가능하다.

나는 백두대간 산악비행팀과 함께 우리나라의 명산을 순회하며 비행했다. 배낭에 작고 가벼운 산악용 패러글라이더를 넣고 등산해 날개를 펴고 날아서 하산하는 익사이팅한 비행이다. 설악산의 대청봉비행, 태백산, 지리산, 치악산 비행 등 갖가지 추억들이 많다. 산 비행이 끝나고 내려왔을 때 신고 받고 출동한 경찰차를 마주친 적도 종종 있었다.

자연을 즐기는 레포츠를 할 때는 자연에 순응해야 한다. 어렵게 시간을 내서 힘들게 산에 올라 비행을 준비했지만 바람의 방향이 맞지 않거나 바람이 강해서 이륙이 불가능할 수도 있다. 이런 날은 하염없이 기다리거나 아니면 비행을 포기하고 내려와야 한다. 무리하게 비행하면 사고로 이어질 수 있다. 혼자 판단하지 말고 비행 선배들의 말을 따라야 한다.

패러글라이딩은 젊은 사람들의 레포츠 같지만 오히려 나이 든 사람들에게 적합한 스포츠다. 실제 동호회 회원도 50대가 가장 많다. 젊음

| 패러글라이딩은 바람을 정면에서 맞으며 이륙해야 한다.

의 호기보다는 자연을 즐기는 마음이 더 중요한 레포츠인 까닭이다. 하늘을 날다 보면 기상의 변화에 민감해지고 바람의 흐름을 읽을 수 있으며 눈에 보이지 않는 자연현상을 느낄 수 있고 어느 순간 하늘을 마음대로 나는 솔개나 독수리와 함께 비행하는 자신을 발견할 수 있다. 그 자유로운 새들의 감각을 자기도 모르게 익히는 것이다.

물론 나이 들어서 많은 이들이 쉽게 접근하지 못하는 항공 스포츠를 한다면 주변과 집에서도 말릴 것이다. 위험하니까 하지 말라고. 그러나 이는 시도해보지 않은 자들의 상상일 뿐이다. 비행이라는 행위를 통해서 우리의 행동 범위를 2차원에서 3차원으로 확대할 수 있으며, 나이 들면서 움츠러들기 쉬운 몸과 마음을 자유롭게 움직일 수 있다. 망설일 필요 없다. 지금 당장 시작하자.

산악자전거 –
자전거로 오르는 산

자전거는 인류가 발명한 최고의 발명품이다. 1790년 프랑스에서 발명된 최초의 자전거는 1890년에 이르러 바람을 넣은 타이어가 발명되면서 현대적인 자전거의 모습으로 탄생했다. 두 바퀴가 균형을 이루며 원심력으로 평형을 유지하고 자이로스코프(회전의라고도 한다. 바퀴의 운동량에 의해 틀이 기울어져도 원래 위치는 유지되는 성질을 이용한 장치)의 원리에 의하여 넘어지지 않는다. 자전거 타기는 걷기를 포함한 다른 어떤 수송 수단보다 효율적이다. 전 세계적으로 사용되는 자전거가 10억 대 이상이라는 사실이 그 효율성을 입증해준다.

자전거가 다른 탈것과 구별되는 가장 큰 차이는 바로 '인간의 몸'을 엔진으로 쓴다는 사실일 것이다. 자전거를 탈 때 인간의 몸은 그냥 걸을 때보다 다섯 배 정도 더 효율적인 엔진이 된다. 세상을 구경할 때는 걸으며 둘러보는 것이 가장 좋으나 걷기는 속도가 너무 느리고 자동차는 너무 빨라 주마간산 식이 되기 쉽다. 그에 비해 자전거로 시속 20킬로 정도로 달린다면 걷는 것보다 네 배 정도 빠르고 자동차보다는 네 배 정도 느린 속도로, 세상을 제대로 즐기며 구경하기에 안성맞춤이다.

우리나라는 이전 정권에서 4대강 정비를 하면서 막대한 돈을 들여 강물 따라 자전거 길을 잘 만들어놓았다. 지자체도 경쟁하듯이 자전거 길을 만들어놓아 자전거 타기만 놓고 볼 때는 정말 좋은 환경이 되었다. 똑같이 세금을 내면서 자전거 도로를 사용하지 않으면 손해라는 생각이 들 정도다.

그러나 휴일의 한강 자전거 도로는 자전거 타기에 그다지 적합한 환경이 아니다. 젊은 사람들이 로드 사이클(road cycle)로 떼 지어 질주하는가 하면 어린이와 산책 나온 사람들과 조깅하는 사람, 인라인 스케이트 타는 사람, 산책하는 연인 등이 뒤엉켜 혼잡하고 위험하기 짝이 없다. 그래서 활동적인 시니어를 위해서는 시내보다 산에서 호젓하게 즐길 수 있는 산악자전거를 권해본다.

적당한 가격의 장비를 선택하라

자전거의 종류는 여러 가지가 있지만 크게 두 가지로 나눌 수 있다. 포장도로를 빠른 속도로 달리며 속도감을 즐기는 가벼운 로드 사이클과 튼튼하며 묵직하지만 비포장도로도 편하게 달릴 수 있는 산악자전거가 있다. MTB(mountain bike)로 알려진 산악자전거는 산에서뿐 아니라 일반적으로 장소에 구애받지 않고 편하게 탈 수 있다.

우리나라는 어느 산을 가더라도 산간도로, 즉 '임도'가 잘 되어 있다. 산불 방재용이나 산림벌채 용도 또는 군사 목적으로 임도가 비포장으로 잘 닦여 있어 자전거 타기에는 최적의 조건이다.

자전거를 살 때는 처음부터 좋은 것을 고르는 것이 좋다. 처음에 저렴한 자전거를 사면 금세 고급 사양의 자전거를 살 확률이 높으니 어느 정도 수준을 갖춘 제품을 사는 것이 오히려 낭비를 막는 길이다. 일반적으로 유압식 브레이크가 장착되어 있는 정도라면 무난하다.

1~2년 지나면 좋은 장비 보는 안목이 생기나, 초보자라면 바이크 숍에서 본인의 목적을 말하고 추천받는 것이 좋다. 이때 하나 주의할 점이 있다. 나이 든 사람이 너무 좋은 자전거를 타는 것도 보기에 좋지 않다. 다른 스포츠도 그렇듯이 장비만 좋다고 폼 잡는 사람들이 실속은 없는 경우가 허다하다. 좋은 장비보다 철저한 정비가 더 중요하다. 산에 가기 전에 타이어 공기압을 체크하고, 체인에 윤활유를 바르고 브레이크도 점검하여 최상의 컨디션을 유지해줘야 한다.

부속 장비도 필수다. 자전거를 타면서 넘어지지 않을 수는 없다. 제일 다치기 쉬운 곳이 머리이므로 헬멧과 장갑은 필수다. 또한 달릴 때 날벌레나 강한 자외선을 막기 위해 선글라스나 스포츠 고글도 필요하다. 선수처럼 입을 필요는 없으나 바지가 체인에 걸리지 않게 타이트한 쫄바지나 스판 계열의 바지를 입도록 한다. 그 밖에 물을 마시기 위한 수통과 간단한 간식과 예비 튜브를 넣을 수 있는 작은 배낭을 메면 된다.

초보자의 자전거 걸음마

수영과 자전거 등 어렸을 때 배운 것은 평생 잊어버리지 않는다. 그러나 자전거를 탈 줄 모르면 구청 등에서 무료로 강습하는 프로그램이 있으므로 그곳에서 배우면 된다. 동네 운동장에서 혼자 며칠만 타면 금방 균형을 잡을 수 있다.

산악자전거를 타기 위해서는 일주일에 한두 번 정도, 한 번에 두세 시간씩 타면서 안장과 친숙해져야 한다. 처음 자전거를 배우면 작은 안장에 장시간 올라타고 있어야 하므로 엉덩이가 매우 아프다. 피팅 (fitting)을 통해서 자기의 신체와 자전거 프레임 크기, 안장의 높이 등을 맞추어야 장시간 타도 몸에 무리가 오지 않으므로 반드시 적정한 크기로 세팅을 해야 한다.

서울에서 가까운 산은 집에서부터 자전거를 타고 갈 수 있으나 먼 곳은 차량에 싣거나 대중교통을 이용해야 한다. 평일에는 자전거를 들고 지하철을 이용할 수 없으므로 유의해야 한다. 산에서는 오르막과 내리막이 있으므로 적절한 변속 기능을 사용하여야 한다. 즉 오르막에서는 뒷바퀴에 큰 톱니바퀴를 물리고 앞 기어는 작은 톱니바퀴를 물려서 적은 힘으로 속도는 느리지만 쉽게 올라갈 수 있도록 해야 한다. 그리고 산에 갈 때는 두세 명 이상이 같이 움직이거나 동호회를 따라가도록 한다.

도로에서 자전거를 타다 산에서 타면 그 맛을 잊지 못한다. 오르막과 내리막이 있으므로 숨 가쁜 고통도 맛보지만 그 후의 짜릿한 희열도 느낄 수 있기 때문이다. 흔히 하는 표현으로 '산뽕'을 맞았다고 한

┃ 유명산에서 겨울 산을 즐기며 스노우 라이딩에 흠뻑 빠졌다.

다. 그만큼 평지에서 맛보지 못한 기쁨이 크다는 뜻이다. 물론 휴일에는 등산객과의 마찰을 피해야 하므로 등산로로 자전거를 타고 들어가서는 안 된다.

오르막길은 비포장도로가 많으나 급경사 길은 도로의 침식을 방지하기 위해서 콘크리트로 포장되어 있는 곳이 있다. 이런 길은 대부분 경사가 급하므로 본인의 최대 심박수를 넘지 않도록 주의해야 한다. 힘들면 내려서 쉬라는 뜻이다. 산악자전거를 타면 의외로 휴식 후 회복 속도가 빨라서 잠깐만 쉬면 다시 힘이 난다. 쉴 때는 초콜릿이나 에너지바, 간식 등으로 칼로리를 보충해주어야 한다.

내리막에서는 속도가 빨라지므로 앞뒤 브레이크를 적절히 조절하여 속도를 제어한다. 유압식 디스크 브레이크는 제동력이 좋으므로 갑자기 세게 잡으면 자전거가 앞으로 넘어가 다칠 수 있다. 또한 뒤 브레이크만 잡으면 바퀴에 록이 걸려 미끄러지며 제동력을 잃으므로 앞바퀴도 같이 잡도록 해야 한다. 단순히 말로 표현하기 힘든 부분이므로 실전 경험을 통해서 익히도록 해야 한다.

집에서 혼자 실내 자전거를 타면 두세 시간 이상은 지루해서 못 타지만 산에서는 신선한 공기와 가까운 동료들까지 있어 즐거운 마음에 운동량이 오버되는 경우가 많다. 그러므로 운동을 하고 힘들면 내려서 자전거를 끌고 가도록 한다. 남들은 타고 가는데 자신은 끌고 간다고 해서 전혀 창피한 일이 아니다. 내리막길이 더 위험한 경우가 많으므로 급경사와 큰 돌들이 있는 곳에서는 내려서 끌고 가는 습관을 들인다.

산악자전거는 남에게 보여주기 위한 것이 아니고 본인 스스로 산길

| 산악자전거는 신선한 공기를 마시며 산길을 달리는 맛이 단연 최고다.

을 즐기기 위한 방법이라는 것을 절대 잊어서는 안 된다. 임도에는 흙도 있지만 잔돌들이 많이 있으므로 피하지 말고 어느 정도 속도로 부드럽게 넘어가는 것이 더 안전하다. 산악자전거는 앞바퀴에 충격을 완화해주는 장치가 있으므로 자전거를 믿어도 된다. 몇 번 타다 보면 좋아진 심폐 기능과 우람해진 허벅지 근육을 스스로 느낄 수 있다.

수도권과 서울 근교에 산악자전거를 타기 좋은 곳은 서울월드컵공원이나 하늘공원, 남산 등이다. 남한강이나 북한강 자전거 길을 달리고 체력에 어느 정도 자신이 있으면 안양 수리산, 삼막사, 만경대 등에 도전해보고, 본격적인 산악자전거 코스인 강촌 챌린지 코스, 축령산 임도, 연인산 임도 등을 다녀 보면 좋을 듯하다.

어렸을 때 자전거는 타보았지만 자전거의 맛을 제대로 몰랐다면 이제는 산악자전거 타기로 노년의 활력을 되찾아보자. 또 다른 신세계가 펼쳐질 것이다. 이 정도 되면 그때부턴 스스로 노하우와 동료들이 생겨 다음번엔 또 어디로 갈지 뛰는 가슴을 진정시키며 다음 라이딩을 고대하게 될 것이다.

경비행기-하늘을 나는 어릴 적 꿈을 이루다

하늘을 나는 비행기를 멍하니 바라보던 어린 시절이 있었다. 비행기에서 나는 육중한 엔진 소리도 좋았고, 완벽하고 날렵한 양 날개의 정확한 대칭이 어린 내 가슴을 뛰게 했다. 비행기에 대한 이런 마음을 가슴에 품고 어린 시절을 보내서 그랬을까? 어른이 되어 공항에서 비행기 탈 일이 있으면 언제나 가슴이 쿵쾅거렸다. 거대한 비행기를 타고 해외로 나가는 설렘보다도 이륙과 착륙 순간의 느낌이 짜릿해 언제나 창가 자리에 앉았다. 언젠가는 비행기를 직접 조종해서 하늘을 자유롭게 날아보고 싶었다.

그러던 중 경기도 안산 고속도로 현장에서 근무할 때 근처 조그만 경비행기 활주로에서 하늘을 나는 경비행기와 무선 교신하는 소리를 차량 무전기에서 들었다. 소리 나는 곳을 확인한 후 무조건 찾아가서 비행기 교관에게 경비행기 조종을 배우고 싶다고 했다. 하늘을 날아보고 싶은 충동에 나는 기회를 놓치지 않고 저질렀다.

첫 비행 때 발아래 드넓게 펼쳐진 해안가와 모래사장, 수평선에 맞물린 뭉게구름 그리고 크고 작은 섬과 멀리 보이는 산야에 감동하여 그만 말문이 막혀버렸다. 첫 비행의 감동은 지금도 내 기억에 남아있다.

날씨가 맑은 어느 가을날 자동카메라와 수동카메라 두 대를 어깨에 메고 경비행기에 올랐다. 내가 건설 중인 서해안 고속도로 위를 비행하며 항공 촬영을 했다. 요즈음은 드론으로 항공 촬영을 하지만 그때만 해도 항공 촬영이 쉽지 않았다. 잘 나온 사진을 최대 사이즈로 확대해서 현장에서 브리핑용으로 사용했다. 경비행기는 순간적 스릴을 만끽하는 레포츠와는 다르다. 하늘에서 보는 대자연의 모습에 감동하며 감사하는 마음이 저절로 우러나오게 한다.

자가용 비행기 시대가 온다

경비행기, 정확히 말해서 우리가 레포츠로 즐길 수 있는 비행기는 초경량 항공기다. ULP(ultra light plane) 또는 ULM(ultra light machine)이라 부르는 무게 225킬로그램 이하의 2인승 비행기다. 그 이상의 중량이 되는 항공기는 격납고 설치와 정비사 의무 보유 등 많은 제약을 받으므로 레포츠의 한계를 벗어난다.

초경량 항공기는 비교적 가볍고 조정성이 좋아서 누구나 쉽게 조종할 수 있으며 레포츠로서 스릴을 만끽할 수 있다. 대형 항공기를 탈 때에는 몸으로 비행의 느낌을 느끼기 어려우나 초경량 항공기는 온몸으로 하늘을 날아오르는 느낌을 받을 수 있다. 자신의 손과 발의 움직임에 즉각 반응하는 조종감을 만끽할 수도 있다. 또 바람과 양력만으로도 활공할 수 있어 엔진이 꺼져도 어느 정도 비행이 가능해 비상시에도 착륙이 위험하지 않다. 비행기에도 BRS(비상 낙하산)이 장착되어 있어서 비상시에는 최대한 안전하게 지상에 내려올 수 있다.

초경량 항공기는 비행 클럽을 통해 구입하기도 하지만 대개는 동호회가 공동으로 관리 운영한다. 또 구조가 매우 단순해서 원한다면 누구나 직접 초경량 항공기 키트를 사서 조립하여 만들 수 있으며, 자가용 비행기로도 손색이 없다. 경비행기는 활주 거리, 즉 이착륙 거리가 50미터 정도로 짧아도 되기 때문에 특별히 큰 활주로를 필요로 하지 않으며, 서해안 바닷가나 갯벌 등에서도 이착륙이 가능하다. 아직 국가적인 안보상의 이유로 비행 가능한 공간인 공역이 통제되고 있지만, 다소의 불편함을 제외하면 아주 좋은 레포츠다. 국민소득이 높아짐에 따라 자가용 비행기로서의 미래도 밝은 편이다.

꿈이 아닌 현실에서 직접 자가용 비행기를 타고서 고향을 방문할 날도 그다지 멀지 않았다. 인간의 날고 싶은 소망을 가득 실은 것이 바로 경비행기다. 그 꿈이 현실로 다가온 지금 비행기 조종사가 되어 하늘을 날아보는 것은 어떨까?

경비행기 조종을 해보고 싶다면

경비행기를 조종하기 위해서는 대한항공협회에서 발행하는 조종사

면장이라는 라이선스를 따야 한다. 수수료를 내고 필기시험과 실기 시험을 보면 된다. 만 14세 이상이면 응시가 가능하고, 하루 한 시간씩 총 20시간 교육을 받으면 면허 시험을 볼 수 있다. 국제면허를 취득한 후에는 세계 어느 곳이든지 마음대로 하늘을 날아다닐 수 있다.

예전엔 안산에 몇 군데 소형 활주로가 있었는데 지금은 시화매립지 안에 있는 어도와 화성시 구리섬 주변에서 교육과 비행이 가능하다. 이곳은 각종 영화나 광고 사진에도 많이 등장해서 잘 알려져 있는데, 체험 비행을 한 후 교육을 받을지 말지 결정할 수 있다.

라이선스를 딴 후 마음에 드는 비행 클럽에 가입하여 회원 활동을 하면 자기 비행기 없이도 언제든 비행을 즐길 수 있다. 이곳에서 이륙하면 서해안의 작은 섬들을 보면서 자유비행을 할 수 있고, 내리고 싶은 해안에 착륙하여 맛있는 해산물을 먹고 다시 복귀하는 재미도 맛볼 수 있다.

초경량 항공기를 배우기 위해서는 이륙과 착륙에 필요한 충분한 공간이 있어야 하는데 현재 우리나라에는 전국 열아홉 곳의 공시된 비행장이 있다. 충남 몽산포 해수욕장과 대천 해수욕장, 경기도 안산 반월공단과 시화호 주변, 전북 고창, 전남 담양, 경기도 양평 등이 전문적인 초경량 항공기 비행 구역이다. 그 외의 다른 곳에서 비행을 하려면 관할 담당 부처에 신고를 하고 허가를 받아야 한다.

현재 초경량 항공기는 각 지역별로 동호인 중심의 활동만 이뤄지고 있지만, 앞으로는 비행 제한 구역이 대폭적으로 해제되어 더 많은 사람들이 즐길 수 있는 레포츠로 확산될 것으로 보인다. 레저 스포츠뿐만

| 행글라이더에 날개를 단 ULM(ultra light machine).

아니라 광고 및 홍보, 통신용, 농약 살포, 군사용으로 쓰이고 캠핑이나 여행, 촬영 기타 업무에도 쓰이는 등 그 쓰임새가 점점 늘어날 전망이라, 제2의 인생을 경량 비행기 조종사로 사는 것도 매우 유의미한 도전이 될 것이라 확신한다.

차원이 다른 취미생활

초경량 항공기는 다른 레포츠와 달리 전문적이고 심층적인 취미생활이다. 이론 교육이 반드시 필요하다. 비행 이론, 항공 기상, 항공 통신, 장거리 항법을 배우고 이론 시험에 합격해야만 하며, 비행 실기 20시간 동안에는 지상 이동, 이륙, 상승, 수평 비행, 강하, 선회, 착륙, 실속, 스핀, 장거리 비행 솔로 비행 등을 배운다. 교관이 동승하여 로그북(log book: 매일의 항정 및 항해에 관한 일체의 것을 적은 기록)에 비행 기록을 확인해주어야 실기 시험을 볼 수 있다. 시험관은 이 기록을 보고 시험 당일 옆에 타고 여러 가지 기동을 테스트한다.

기상은 우리의 일상생활에도 많은 영향을 주지만, 기계가 아닌 몸의 감각으로 시각 비행을 해야 하는 초경량 항공기를 조종하는 조종사는 비행 전 기상 상태를 충분히 파악하고 조종에 반영할 수 있어야 한다. 보다 안전한 비행을 위해 그날의 풍향 및 풍속, 시정을 방해하는 안개 연무 해무 등의 유무와 구름의 높이와 두께 등을 파악하고 기본적인 기상 현상에 대한 기초 지식을 가지고 있어야 한다. 일반적으로 비행 실기는 어느 정도의 비행시간을 채우면 누구나 일정 수준에 도달할 수 있다. 하지만 조종자 자신이 스스로 관심을 가지고 공부해야 하며 실기와 더불어 복합적으로 이해해야 한다.

오랫동안 비행을 쉬었다 다시 시작할 때는 교관과 함께 탑승하여 지형지물과 기후 특성을 몸으로 익히고 비행 감각을 다시 익혀야 하며, 이륙과 착륙을 몇 번 반복하는 관숙 비행을 해야 한다. 항상 타던 비행기에서 다른 비행기로 갈아 탈 때에도 마찬가지이고 기종이 다르면 비행 전환 교육을 받아야 한다.

손재주가 있고 모형 비행기라도 만들어본 경험이 있는 사람이라면 외국에서 판매하는 초경량 항공기 키드를 사서 조립하는 것도 권하고 싶다. 가격은 천차만별이지만 일반적으로 소형차 구입 가격보다 저렴하게 들고 비행기의 원리와 조작 방법을 익히는 데 도움이 되며 만드는 재미도 있다. 완제품 경비행기 구입비도 생각보다는 저렴하므로 승용차 대신 비행기를 구입하는 사람도 있다.

여러 가지 제약과 비용이 들어감에도 초경량 항공기로 혼자 하늘을 날아다닌다는 것은 포기할 수 없는 멋진 꿈이다. 가끔 친구들을 옆자리에 태워주면 누구나 비행에 관심을 갖고 부러워하며 배우고 싶다고 한다. 그만큼 매력적인 것이 경비행기다. 과감하게 어릴 적의 꿈을 저질러보는 사람만이 푸른 하늘을 날 수 있다. 높이 나는 새가 멀리 볼 수 있듯이, 생각의 차원도 한 단계 높아질 것이다.

모형 및 소형 기기-
어른을 위한 장난감

어려서부터 하늘을 날아다니는 비행기와 지프차 모양의 자동차에 관심이 많았다. 학창 시절에 〈학생과학〉이라는 과학 잡지를 보면서 소형 모터를 이용한 자동차도 만들어보았고 비행기도 만들었다. 그리고 무선으로 조종하는 앙증맞은 엔진 비행기도 만들고 싶었는데, 그 당시 비행기 키트는 학생 용돈으론 구입하기 어려울 정도로 고가여서 포기했던 기억이 있다.

어른이 되어서 어느 정도 생활이 안정된 다음, 옛날 생각이 나서 '아카데미 과학'이라는 가게에 가서 무선 조종 비행기 키트를 구입했다. 퇴근하고 집에 돌아오면 접착제를 손에 묻혀가며 약 한 달 걸려 비행기를 완성했다. 이때의 기쁨은 진짜 비행기를 가진 듯 기뻤다.

완성된 비행기와 조종기를 가지고 시험 비행을 하러 갯벌이 넓은 시화 지구에 갔다. 조그만 엔진에 연료를 넣고 기분 좋게 시동을 걸었다. 크기는 작았지만 진짜 엔진과 똑같았다. 첫 비행 시 가까스로 이륙과 착륙에 성공한 기쁨도 잠시, 두 번째 비행에서 조종 미숙으로 바닥에 추락하여 힘들게 만든 날개가 부러져버렸다. 다행히 부서진 부품은 접착제로 수리가 가능하므로 부품을 수거하여 다시 만들 수 있었다.

나처럼 비행기에 대한 아련한 추억이 있는 사람들은 모형 비행기 제작에 도전해보자. 손재주가 있는 사람이라면 만드는 기쁨과 하늘에 날리는 즐거움을 동시에 느낄 수 있다.

무선 조종 자동차도 흙먼지를 날리며 빠른 속도로 질주하므로 동호인들과 레이싱을 즐길 수도 있다. 처음엔 전동 모터를 사용하다가 어느 정도 숙달되면 2기통 소형 엔진으로 바꾸어 더욱 긴박한 스릴을 느껴도 좋다.

요즘은 드론 날리기가 유행이다. 수직 이착륙이 가능하므로 좁은 곳에서도 가능한 장점이 있다. 드론에 카메라를 달고 얼굴에 고글형 디스플레이를 쓰고 조종하면 직접 하늘을 나는 듯한 박진감을 느낄 수 있다.

날아라 RC 모형 비행기

무선 조종 비행기를 RC(Radio Control) 모형 비행기라고 부른다. 충전 배터리를 이용한 모터를 동력으로 프로펠러를 돌려서 추진력을 얻는 전동 타입과 소형 엔진에 연료를 공급해서 보다 큰 출력을 얻는 엔진 타입이 있다. 실제 비행기를 일정한 비율로 축소한 스케일기가 대부분으로, 비행기의 크기와 모양도 다양하다.

비행기를 조종하는 무선 송수신기는 보통 4채널이나 5채널을 쓴다. 상승과 하강을 위한 꼬리날개 조종, 좌우 방향 전환, 회전, 엔진 속도 조종 등이다. 기종에 따라 비행 중에 바퀴를 접기 위한 채널을 추가하기도 한다.

비행기 동체는 스티로폼을 압축해서 반제품 상태로 파는 것이 저렴하나, 조립하는 재미는 적다. 처음 비행하면서 조종 연습을 위해서는 상대적으로 가격이 저렴한 반제품 상태가 좋고, 어느 정도 숙달되면 키트를 사서 직접 조립하는 것이 재미있다. 가벼운 발사 나무를 깎고 다듬고 붙여서 형태를 만든 다음, 다양한 색상의 비닐코트에 열을 가해 붙이면 아름다운 비행기가 탄생한다. 송수신기로 날개를 움직여보고 엔진도 시험 가동해봐서 이상 유무를 확인한다. 엔진이 회전하며 프로펠러가 돌아갈 때는 위험하므로 사람들이 없는 너른 들판에서 비행해야 한다. RC 모형 비행기는 단순한 장난감이 아니다. 모양은 단순해도 비행 원리는 실제 비행기와 똑같으며 첨단 과학기술이 들어 있다.

RC 모형 자동차로 실제 레이싱을 즐겨보자

모형 취미 분야에선 자동차의 인기가 가장 높다. 가격도 비행기나 헬리콥터에 비해서 저렴하고 조종도 쉬워서 누구나 쉽게 즐길 수 있기 때문이다. 자동차의 종류는 바퀴가 큰 버기카 형태의 몬스터 모형 자동차와, F1 경주용 자동차 같은 스피드 경주용 자동차가 있다. 모형 비행기와 마찬가지로 배터리로 구동되는 모터 타입과 연료로 엔진을 구동시키는 힘이 좋은 엔진 타입이 있다. 비록 모형이긴 하지만 최고 속도는 일반 자동차와 같은 시속 80킬로 이상도 가능하다. 실제 자동차처럼 튜닝도 가능해서 자동차를 좋아하는 어른들에게는 재미있는 취미생활이다.

가격도 천차만별이어서 어린이들 장난감처럼 건전지로 구동되는 자동차부터 실제 자동차와 똑같이 사륜구동에 강력한 엔진을 장착하고 모든 부분이 작동되는 축소형 스케일 자동차가 있다. 이러한 모형 자동차는 키트로 구입하여 하나하나 설명서를 보면서 조립해야 하며 이렇게 하면 자동차의 원리를 이해하는 데도 도움이 된다. 게다가 집에 놔두면 근사한 소장품이 된다. 모형 비행기처럼 위험하지 않으므로 어린아이와 함께 야외에서 조종하며 즐거운 시간을 보낼 수도 있다.

키덜트의 대세, 드론

요즘 키덜트(kidult)들을 위한 최고의 취미는 드론 날리기다. 드론이란 조종사가 탑승하지 않고 무선전파 유도에 의해 비행과 조종이 가능한 비행기나 헬리콥터 모양의 무인기를 말한다. '드론'은 '낮게 웅웅거리는 소리'를 뜻하는 영어 단어로 벌이 날아다니며 웅웅대는 소리에 착안해서 붙여진 이름이다. 애초 군사용으로 탄생했지만 이제는 고공 영상사진 촬영과 배달, 기상 정보 수집, 농약 살포 등 다양한 분야에서 활용되고 있다.

초창기에는 드론을 장난감 정도로 생각했으나 이제는 각종 산업 영역에서 활용하고 있다. 주로 완제품으로 판매되며, 드론의 무게가 12킬로 이상이 되면 초경량 비행 장치 조종사와 같은 드론 면허증을 따야 한다.

최근에는 드론에 카메라를 달아서 항공 촬영이나 레포츠에 이용하기도 한다. 크기도 점점 작아져서 손목시계 정도의 크기도 있다. 스마트폰으로 조종할 수 있는 제품도 있으며 고글을 쓰고 영상을 보면서 FPV로 조종하기도 한다. FPV는 'First Person View'의 약자로 1인칭 시점이라는 뜻이다. 드론에 카메라를 장착하여 실시간으로 영상을 보면서 조종하는 것을 말한다. 무선으로 영상을 볼 수 있는 고글을 쓰면 마치 비행체의 조종석에 앉아서 직접 운전하는 느낌이다.

드론을 비행하기 전에는 항상 비행 금지 구역인지 초경량 비행 장치 공역인지 정확하게 확인한 후 비행해야 한다.

완성보다 과정을 즐긴다, 프라모델

'프라모델'이란 합성수지계 플라스틱 재료를 금속 주형의 사출 방식으로 제작한 조립 모형 장난감을 말한다. 우리말로 프라모델의 정확한 표현은 '조립 모형'이다. 조립 모형은 원래 '플라스틱 모델'이라고도 불렀지만, 이 분야에서 앞선 일본의 문화를 받아들이면서 프라모델로 부르게 되었다. 유럽과 미국에선 '모델 킷(model kit)' 또는 '하비 모델 킷(hobby model kit)'이라 부른다.

프라모델들은 부품을 떼어내어 끼워 맞추거나 접착제로 붙여 만든다. 도면에 따라 완성된 모델에 에나멜 등의 도료를 도포하여 도색하고, 거친 부분을 다듬고, 깎아내고, 메워주는 등 완성도를 높이기 위해서는 손이 많이 간다. 또 실물을 작은 크기로 섬세하게 재현한 만큼 강도도 무척 약해 보관에 주의가 필요하다. 전문 프라모델 모델러는 일반적인 완성작에 더욱 손을 보아 디테일을 배가시킨다.

대부분의 프라모델에는 '스케일'이라는 실물 대비 모형의 축척 비율을 표기한다. 프라모델의 주요 장르는 대체적으로 밀리터리 분야에 치중되어 있다. 주로 탱크와 전차, 전투기, 군함 등 실제 존재했거나 현존하는 병기들을 제품화한 것들이 대부분이다. 그 외에 자동차, 민항기, 여객선 등의 장르가 있으며, 최근 SF와 로봇 제품들은 밀리터리를 추월하고 있다.

어른들이 프라모델을 만드는 이유는 유년 시절의 꿈을 복원한다는 의미도 있으나, 모형 제작을 통해 대리 만족을 느끼고 섬세한 제작 과정을 통해 만드는 제품에 대한 해박한 지식을 덤으로 얻기 위함이다. 프라모델은 어디까지나 제작 '과정'을 즐기는 취미인데, 이미 완성된 프라모델에서는 더 이상 그런 과정을 느낄 수가 없기 때문이다. 그래서 그 모델을 만들기까지의 과정을 기록해두고, 두고두고 곱씹어보며 즐거웠던 일들과 완성품을 보며 만족감을 느낀다. 결국 모든 취미생활의 궁극적인 목적은 '재미'인 것이다.

암벽등반─평범한 등산은 거부한다

우리나라는 서울 근교에 멋진 명산이 많다. 가까운 수도권만 해도 쉽게 접근할 수 있는 산이 많다. 휴일의 등산로 입구는 알록달록한 등산복을 입은 등산객들로 북적거린다. 그런데 산을 찾는 사람들의 평균연령이 예전보다 높아졌다. 젊은이들은 등산을 번거롭다고 생각해 꺼리는 반면 나이 든 사람들은 가장 시작하기 쉬운 등산부터 시작하는 사람이 많은 까닭이다. 다리 운동도 되고 맑은 공기도 마시고 일석이조라는 생각에 등산은 노년층이 즐기는 스포츠가 된 지 오래다.

휴일이면 서울 근교의 지하철역이나 버스 종점마다 나이 든 사람들이 동창회나 친목회 깃발 아래 많이 모여 있는 모습을 볼 수 있다. 이 중에는 젊어서부터 등산을 즐긴 베테랑도 있고 퇴직 후 처음 친구 따라 나온 초보자도 있다. 산을 찾는 사람들의 목적은 천차만별이지만 산은 누구나 포용하고 반겨준다. 운동 삼아 둘레길을 걷는 사람에게는 최고의 헬스클럽이 되고, 직장에서 단체로 산을 찾은 사람들에게는 땀을 흘리며 함께 단합할 수 있는 좋은 장소가 된다.

서울을 둘러싸고 있는 불암산, 수락산, 도봉산, 북한산의 단단한 하얀 바위는 암벽등반의 성지다. 게다가 바위도 단단한 화강암이라서 암벽등반하기에도 적합하다. 외국의 산이 규모 면에서는 더 크고 웅장하지만 우리나라처럼 조화로움과 아름다움이 부족한 데다 도심에서 멀리 떨어져 있어서 접근이 어려우며 바위도 푸석 바위가 많아서 암벽등반 시 위험이 많이 따른다.

그러나 우리나라는 어느 곳에서나 산이 보이고 대중교통이 산 아래까지 연결되어 있어서 마음만 먹으면 언제든지 산에 갈 수가 있다. 이런 곳에서 젊어서부터 등산을 즐기고 암벽등반을 했던 산사나이들이 전 세계 유명한 높은 산을 등반하며 커다란 업적을 남겼다.

도봉산의 선인봉과 북한산의 인수봉은 두 산을 대표하는 커다란 암벽등반 코스다. 이에 따라 등반을 하는 사람들도 각 봉우리의 느낌처럼 선인봉처럼 감성적이고 낭만적인 스타일의 '선인파'와 인수봉처럼 공격적이고 도전적인 '인수파'로 나뉜다. 암벽등반 외에도 날카로운 도봉산의 암릉을 타고 다니는 고수들은 포대 능선의 이름을 따서 '포대솔로'라고 부른다. 지금은 철제 난간과 계단이 있어서 쉽게 접근할 수 있으나, 예전엔 어느 정도 암벽등반 기술이 있어야 가능했다.

일찍부터 맺은 산과의 인연

중학교 때 일이다. 친구들과 산악용 장비를 사기 위해 등산용품점에 들렀다가 이곳에서 우연히 멋진 산 선배들을 만나 인생의 방향이 바뀌었다.

그 당시 우리들은 머리에 배지를 주렁주렁 단 실크해트를 쓰고 목이 긴 등산용 양말에 바지를 넣어 입고는 굵은 군용 허리벨트에 삽과 도끼를 차고는 껄렁거리면서 다녔다. 그러나 그날 등산용품점에서 마주친 선배들은 달랐다. 꽤 비싼 암벽용 크레타 슈즈를 신고 간편한 배낭에 등반용 로프를 넣고 편한 복장으로 나타나서 우리를 머쓱하게 만들었던 것이다.

선배들에게 산에 대해 배우면서 우리의 복장과 산에 대한 마음에도 변화가 생겼다. 조금씩 산을 알아가면서 다른 사람들의 복장이나 배낭 또는 신발만 봐도 그 사람의 산행 경력을 판단할 수 있게 되었다. 본격적으로 암벽등반을 배우면서 외국 등반가들의 책을 읽기 시작했다. 가스통 레뷔파(Gaston Rebuffat)의 글과 암벽등반 사진이 실린 《설과 암(Neige et Roc)》, 아이거 북벽을 초등한 안데를 헤크마이어(Anderl Heckmair)와 하인리히 하러(Heinrich Harrer)의 등반 기록이 담긴 《하얀 거미》는 당시 우리의 교과서였다.

고등학교 때는 일요일마다 도서관에 가는 대신 도봉산에서 암벽등반을 즐겼다. 맑은 계곡물에 선배들이 설거지까지 해준 깨끗한 도시락을 보고 집에선 의아해했다. 집에 등반용 로프를 비롯한 암벽 장비를 가지고 가면 걱정할까 봐 등산 장비점에 맡겨놓고 다니기도 했다. 혈기왕성

하던 그 당시 서울 근교의 거의 모든 암벽 코스를 섭렵하면서 크고 작은 사고도 많이 겪었다. 듬직하게 로프를 허리에 매고 맨 먼저 선등으로 등반을 하는 선배의 뒷모습에서 무한한 신뢰를 느꼈고, 선배의 추락을 대비해서 확보하는 로프를 잡은 손끝에서 선등자의 심장 떨림을 읽을 수 있었다.

산은 나에게 종교 이상의 그 무엇으로 다가왔다. 등산 백과를 달달 외워서 각종 등반대회에 나가면 상을 쓸어왔다. 다양한 레포츠에 호기심을 가지고 도전하기 시작한 것도 산에 다니면서부터였다. 대학교에 들어가서도 산악부에 가입했다. 엄한 선배들한테 혼도 많이 나고 대학산악부와 일반산악회의 등반이 겹칠 때는 어느 코스로 가야 할지 고민도 많았다. 직장 생활을 하면서는 직장 산악회에 가입했다. 버스를 타고 단체로 다니는 산행이었지만, 집행부들과의 재미난 등반은 오래도록 기억에 남는다.

암벽등반을 같이 하며 로프에 서로의 몸을 묶는 행위는 말로는 설명할 수 없는 동지애를 느끼게 한다. 상대방에 대한 믿음과 힘든 등반을 통해 우정은 영원히 이어진다. 그때 인연을 맺은 산악회 선후배들은 지금 우리나라의 산악계를 묵묵히 이끌어나가고 있다. 대학 산악부의 선후배들은 에베레스트를 비롯한 육대주 최고봉 등반을 무사히 잘 끝냈고, 지금도 산악회와의 인연을 끈끈하게 꾸준히 이어가고 있다.

짜릿한 릿지 등반

암벽등반을 하려면 기초부터 체계적으로 배워야 한다. 한국등산학교나 사설 등산학교에서 일정한 과정을 수료해야 한다. 암벽등반을 전문적으로 하는 산악회도 있으므로 이런 곳에서 배우면 된다. 젊은 시절부터 꾸준히 암벽등반을 했다면 나이 들어서도 암벽등반이 가능하다. 하지만 나이 들어서 암벽등반을 새로이 시작하기에는 약간 무리가 따른다.

인수봉과 선인봉의 수직에 가까운 암벽등반 코스는 난이도도 높고 숙련된 고도의 암벽등반 기술이 요구되므로 손발이 잘 맞는 팀워크와 충분한 장비가 없으면 등반이 불가능하다.

등산을 통해서 어느 정도 기본체력을 다졌다면 릿지(ridge) 등반을 권하고 싶다. 릿지란 봉우리와 봉우리를 연결하는 능선을 말한다. 사방이 툭 터진 암릉을 손발을 이용해서 오르는 짜릿한 즐거움을 맛볼 수 있다. 손끝으로 까칠한 화강암의 홀드를 잡고 발끝으로 바위의 마찰력을 이용하여 한 걸음 한 걸음 옮기며 느끼는 희열은 일반 워킹 산행에서는 느낄 수 없는 '짜릿함'을 준다.

북한산에는 정상 백운대를 향하여 연결되는 멋진 능선들이 릿지 등반에 최적이다. 대표적인 릿지에는 만경대 릿지, 숨은벽 릿지, 염초봉 릿지가 있다. 이곳을 등반할 때도 기본적인 암벽등반 장비를 갖추어야 하며, 절대 혼자 해서는 안 된다. 반드시 두 명 이상이 서로의 안전을 확보해주며 등반해야 한다.

요즘은 릿지가 시작되는 지점에 국립공원 관리공단 직원들이 나와 안전을 위해 통제를 한다. 반드시 서로의 몸을 묶을 수 있는 로프와 낙석 및 추락 시 머리를 보호할 수 있는 헬멧 그리고 안전벨트 등을 준비

| 본격적인 암벽등반 전 기초부터 체계적으로 배워야 한다.

해야 한다. 등산화도 바닥이 딱딱한 워킹용보다는 마찰력이 좋은 릿지화를 신도록 한다. 암벽등반은 수직 벽을 오르므로 준비를 철저히 하지만, 릿지 등반은 능선상의 수평 이동을 위한 등반이므로 준비에 소홀해더 사고가 많이 난다.

등반 행위는 남에게 보여주기 위한 쇼가 아니다. 안전하게 집까지 돌아가야 비로소 등산이 끝나는 것이다. 위험해 보이지만 원칙만 지킨다면, 암벽과 릿지 등반은 워킹 산행보다 훨씬 즐겁고 안전한 등반이다. 우리나라에는 설악산의 천화대를 비롯해 릿지 등반을 즐길 수 있는 곳

| 울산암을 암벽등반하며 산의 진짜 모습을 느낄 수 있었다.

이 100여 곳 있다. 단순한 워킹 등산도 좋으나 다이내믹한 릿지 등반을 즐긴다면 워킹 산행 시 보지 못했던 깊은 산의 속살을 맛볼 수 있을 것이다.

요트와 수상스키- 한강을 가로지르다

가슴이 탁 트이는 바다는 언제 보아도 미지의 세계로 보인다. 인천에서 소년 시절을 보낸 나는 해가 지는 서해 바다를 바라보며 망망대해로 배를 타고 떠나고 싶다는 생각을 종종 했다. 오래전 지구가 평평하다고 생각했을 때, 배를 타고 바다 끝까지 가보자고 도전했던 사람들은 지금 생각해봐도 경이스럽고 존경스럽다. 그분들의 도전정신으로 신대륙이 발견되고 항해술이 발전되었다.

이런 호기심 때문인지 나는 대학교 입학 후 요트부에 가입하여 요트의 세계에 빠지기도 했다. 공대생들이 많았던 모교에는 교내 호수가 있어 요트도 띄울 수 있었다. 추운 겨울을 보내고 3월이 오면 학교 근처 해수 풀에 요트를 끌고 가서 온몸을 바닷물에 담그는 개해제를 시작으

┃ 카타마란 요트 키를 잡고 항해하는 기분은 언제나 상쾌하다.

로 요트 타기를 시작했다.

3월은 아직 추운 겨울이라 꽁꽁 언 몸을 모닥불에 녹이며 선후배들과 그렇게 젊음을 불태워 요트 타기를 배웠다. 한겨울에는 외국의 잡지를 보고 육지에서 탈 수 있는 샌드 요트를 만들어서 국내 최초로 시험 주행하기도 했다. 당시 이 일은 일간스포츠 신문에 사진과 함께 크게 보도되기도 했다. 요트를 못 탈 때는 조선과 대학원생들과 가벼운 스티로폼을 깎아서 그 위에 유리섬유를 접착제로 덧붙인 FRP로 '카타마란(catamaran)'배를 만들었다

물 위에서 하는 스포츠가 여럿 있지만 요트는 왠지 접근하기 어렵고 고급스러워 보인다. 우리가 매스컴을 통해서 호화 요트만 많이 봤기 때문이다. 보통 돛단배를 요트라고 하나, 서양에서는 바람과 엔진으로 가는 유람용 보트를 요트라고 한다. 요트는 선실이 없는 스포츠 용도의 1~2인용 딩기와 선실이 있는 크루즈 급으로 나눈다. 엔진이 있는 크루즈 급은 조종 면허가 있어야 하나, 스포츠용 딩기는 조종 면허가 필요 없다. 바람을 이용해 수면을 미끄러져가는 가는 요트의 참맛을 알려면 딩기를 배우면 된다.

무동력 스포츠를 즐기는 사람들 중에는 아주 깊게 빠지는 마니아들이 많다. 자신의 힘만으로 자연 속에서 자연에 순응하며 대자연의 아름다움에 푹 빠질 수 있기 때문에 더 매력적이다. 동력 없이 바람을 즐기는 해양 스포츠에는 요트, 패러세일링, 윈드서핑 등이 있다.

딩기요트 즐기기

'딩기(dinghy)'는 작다는 뜻으로, 딩기요트란 무동력의 작은 요트를 말한다. 요트를 진정으로 즐기고 원리를 이해하기 위해서는 액티브한 딩기를 권하고 싶다.

딩기요트를 타기 위해서는 교육이 필수다. 나는 처음 요트를 배울 때 바람 방향과 관계없이 자유자재로 방향 전환이 가능하고 목적지로 항해할 수 있다는 것이 신기했다. 게다가 요트는 이론을 배우면 배울수록 재미있다. 커다란 돛을 단 요트가 기울어져도 뒤집히지 않는 것은 요트 바닥에 무게 중심을 낮추어주는 센터 보드를 달기 때문이다.

딩기요트를 타려면 바람을 이용하여 항해하는 이론 교육과 실기 교육을 이틀 정도 받으면 된다. 교육을 마친 다음 딩기요트를 렌트해서 한강이나 아라뱃길에서 타면 된다.

수도권은 경기요트학교(http://yacht-school.org/indexpc.php)에서 배울 수 있다. 바다로 나가려면 평택항이나 전곡항에 있는 요트 전용 계류장에서 요트를 빌려 나가면 된다. 한강 하류에는 수중에 배가 통과할 수 없도록 군사용 장해물이 설치되어 있으므로 한강을 통해서는 아쉽게도 바다로 나갈 수 없다.

부산에는 부산 세일링 연맹 홈페이지에 들어가면 된다. 이번 여름에는 바람을 거슬러 올라가는 재미있고 신기한 요트의 매력에 도전해 보자.

요트를 배울 수 있는 곳

- 서울마리나 클럽&요트(http://www.seoul-marina.com/)
- 화성요트학교(한강 뚝섬)(http://www.hsyacht.co.kr/)
- 통영요트학교(http://www.tyyacht.com/)
- 남해요트학교(http://yacht.namhae.go.kr)

윈드서핑으로 바람을 다스린다

윈드서핑 장비는 부력을 지닌 보드와 360도 회전 가능한 세일이 결합된 형태다. 한여름 한강에서 많이 볼 수 있는 수상 장비로 더위를 날리고 스트레스를 풀기엔 최적의 수상 레포츠라 할 수 있다.

모든 수상 레포츠가 그러하듯이, 윈드서핑을 할 때는 부력이 있는 잠수복이나 구명조끼를 입어야 한다. 장비가 간단하고 배우기도 쉬우며 비용도 저렴해서 온가족이 함께 즐기기에도 적당하다. 윈드서핑은 미국에서 시작되었으므로 용어가 대부분 영어로 되어 있다. 서핑을 시작하기 전 간단한 용어를 먼저 배우는 게 순서다.

실전 연습에 들어가기 전에 간단한 이론을 배우는데, 요트와 마찬가지로 바람을 이용하므로 전진하는 원리와 방향 전환에 대한 이론을 배운다. 그다음 맨 먼저 보드 위에 서서 균형 잡는 연습을 한다. 흔들리는 물 위에 떠 있으므로 쉽지는 않으나 반나절 정도 연습하면 요령을 익힐 수 있다. 그다음 줄을 잡아당겨 세일을 세워야 하는데 이때가 가장 힘들다. 힘만으로 당겨서는 안 되고 균형을 잡고 체중을 이용하여 당겨야한다.

윈드서핑은 3~4일 정도만 배우면 한강을 자유롭게 횡단할 수 있다. 자전거 타기와 마찬가지로 수상 스포츠도 한번 익히면 몸이 기억하기 때문에 평생 즐길 수 있다. 한강 뚝섬 부근에서 여러 업체가 윈드서핑 교육과 장비 대여를 하므로 초보자는 이곳에서 배우면 된다. 처음 뜰 때는 대부분 균형을 잃고 물에 빠지므로 그다지 깨끗하지 않은 뚝섬에서 할 때는 물을 최소한(?)으로 먹도록 조심하는 게 좋다.

수상 레포츠를 배울 때는 물과 친숙해지는 연습을 하는 게 최우선이다. 수영을 할 줄 안다면 물에 대한 공포심을 덜 수 있어 좋다. 한강에서 타는 것에 숙달되면 그 다음에는 바다로 나가자. 바다에서 즐기는 맛은 한강과는 비교할 수 없다.

물에서 타는 스키의 맛

무더운 한여름에 물살을 가르며 달리는 수상스키는 보는 것만으로도 시원하다. 한강 상류로 올라가면 수상스키 강습하는 곳이 많으므로 쉽게 접근할 수 있고, 어느 정도 운동신경만 있으면 배우기도 쉽다. 여름 한철 피서와 휴가를 겸해서 배우기 좋은 레포츠다.

수상스키는 동력을 가진 모터보트에 이끌려 물 위를 가르는 레포츠다. 스키를 양발에 신고 모터보트에 달린 로프를 잡은 뒤 물속에서 다리를 적당히 구부리고 기다린다. 보트가 출발하면 양발의 스키가 물의 저항을 밀어내며 앞으로 나아간다. 그때부터는 물의 저항을 느끼며 보

| 요트가 늘어선 계류장의 모습.

트가 내는 속도대로 물살을 가르면 된다.

　운동신경이 좋은 사람은 몇 번만 타면 균형을 잡고 탈 수 있다. 초보
자는 먼저 지상에서 간단한 교육을 받은 다음 보트 옆에 비죽 나와 있
는 바를 잡고 물 위에 뜨는 연습부터 한다. 이때 팔 힘만으로 매달리면
5분 이상 버티기 힘들기 때문에 팔을 쭉 펴서 몸의 균형을 잡고 무릎을
약간 구부린 채 몸을 뒤로 젖혀서 바람과 물의 저항에 버텨야 한다. 수
상스키는 의외로 근육을 많이 쓰므로 타기 전에 반드시 준비운동과 스
트레칭을 해준다. 하루 정도 배우고 나면 다음 날 온몸이 뻐근할 정도
로 운동량이 많은 스포츠다.

처음에는 양발에 따로따로 신는 두 발 스키로 연습을 하다가 숙달되면 하나의 스키에 발을 앞뒤로 넣는 스키인 원스키를 탄다. 보트가 만들어내는 파도를 뛰어넘으며 몸을 옆으로 기울여서 회전하며 물보라를 만드는 슬라롬(slalom) 기술은 수상 스키의 꽃이다. 스포츠는 이론도 중요하지만 몸이 기억할 수 있도록 반복 연습이 중요하다.

윈드서핑, 수상스키 등 수상에서 하는 레포츠는 소모되는 에너지가 많으므로 충분한 휴식을 취해야 하고 절대 무리해서는 안 된다.

스키-설원을 활강하다

    겨울 스포츠의 꽃은 눈 위에서 즐기는 스키다. 활동량이 줄어드는 겨울, 집에만 있지 말고 스키장을 찾아서 겨울여행과 운동을 함께 즐기자.

    요즘은 보드 타는 사람이 더 많기는 하지만, 설원에 아름다운 궤적을 그리며 부드럽게 미끄러지며 활강하는 스키의 매력은 무엇과도 비교할 수 없다. 우리나라의 스키장 시즌은 11월부터 시작해서 3월 초에 끝난다. 5개월이 채 안 되지만 사계절이 뚜렷한 우리나라에선 충분히 스키를 즐길 수 있는 시간이다.

    눈 덮인 하얀 스키장에 화려한 원색의 스키복을 입고 멋진 고글을 쓰고 설원을 누비는 스키는 젊은이들만의 스포츠가 아니다. 추운 겨울이라고 움츠리지 말고 스키에 도전해보자. 스키는 배우기 쉬운 운동이므

| 시니어도 기초 체력만 충분하다면 신나게 스키를 즐길 수 있다.

로 한 시즌만 배우면 충분히 매년 스키 타기를 즐길 수 있다. 젊은이들 사이에서 배운다고 창피해하지 말고 신세대 시니어답게 당당하게 배우자. 젊었을 때 스키장에서 어깨너머로 보고 넘어지면서 대충 배워서 타본 사람도 있을 것이다. 그러나 나이 들어서 스키를 탈 때는 스키 강습을 권하고 싶다. 모든 운동이 그러하듯이 기초부터 확실하게 배워야 부상도 막을 수 있고 실력도 빨리 향상된다.

스키 장비는 렌탈로 저렴하게

예전에는 겨울 스키 시즌이 시작되면 승용차 지붕에 스키 캐리어를 장착하고 스키를 매달고 다녔지만, 요즈음은 스키장 근처의 스키 렌트 숍에서 스키 장비를 비롯한 스키복까지 빌릴 수 있다. 또 이런 가게에서는 스키장 리프트 할인권까지 제공하므로 비교적 저렴하게 스키를 즐길 수 있다.

스키 부츠는 자기 발에 딱 맞는 것으로 골라야 발이 움직이지 않는다. 처음에는 발이 저릴 수도 있으므로 리프트를 타고 올라갈 때는 신발 버클을 한두 개쯤 풀어도 된다. 스키 플레이트와 스키를 고정하는 바인딩은 본인의 체중에 맞게 세팅해야 한다. 그래야 넘어졌을 때 스키가 분리되어서 무릎 연골의 부상을 막을 수 있다. 스키 플레이트는 길이가 짧을수록 다루기 편하기 때문에 처음에는 본인 키보다 약간 작은 것을 고르는 것이 편하다. 균형을 잡기 위한 스키폴은 자기에게 적당한 길이를 고르면 된다. 복장은 눈에 젖어도 보온이 가능한 방수 기능의 스키복과 장갑, 고글, 헬멧 등을 갖추면 된다.

안전한 스키는 강습에서 시작한다

스키 강습은 일대일 강습과 단체 강습이 있다. 시간은 본인이 정하면 된다. 하루에 반나절씩 3일 정도 배우면 운동신경이 없어도 초보자 슬로프는 내려올 수 있다. 맨 처음에는 긴 스키 플레이트 때문에 걷기도 부자연스럽고 넘어지기도 쉽다. 그래서 넘어지는 방법과 일어나는 방법을 배운다. 스키 신고 걷는 방법을 익히면, 그 다음에는 스키를 A자

모양으로 만들어 경사지에서 미끄러지는 연습을 한다. 이 정도면 초보자 리프트를 타고 내려올 수 있다.

이때부터 스키 타기가 재미있어진다. 좌우 스키 플레이트로 체중 이동을 할 수 있으면 본인이 원하는 방향으로 갈 수 있다. 스키는 체력 소모도 크고 다리 힘이 빠졌을 때는 위험할 수 있으므로 반드시 휴식 시간을 가져야 한다. 처음 스키를 배울 때는 스키장 내에서의 충돌을 조심해야 한다. 슬로프 중간에 멈춰서면 안 되고, 정지할 경우에는 옆으로 피해서 서야 한다. 스키를 신고 스키 슬로프에 서면 어김없이 미끄러지려고 하기 때문에 슬로프에서는 균형을 잘 잡아야 한다. 만약에 넘어지려고 하면 억지로 버티지 말고 부드럽게 넘어지는 것이 더 안전하다.

스키 강습은 사설 강습보다는 스키장 자체에서 운영하는 강습을 권하고 싶다. 스키 타기에 어느 정도 숙달되어서 고급 기술을 배우고 싶다면 사설 강습소의 강사에게 일대일 교육을 받으면 된다.

다양한 길이의 스키로 더 재미있게 즐겨라

어느 정도 기본기를 익히고 나면 훨씬 다양하고 재미있게 탈 수 있는 스포츠가 스키다. '빅풋'이라는 이름의 스키는 발바닥 모양으로 생김새도 꼭 큰 발바닥같이 생겼다. 원래 이름은 펀스키(Fun ski) 또는 스키보드(ski board)라고 한다. 크기가 작으므로 움직임이 편하며 스키폴이 필요 없으므로 행동도 자유스럽다. 앞뒤 모양이 똑같아서 앞으로도 뒤로도 갈 수 있다. 타는 방법도 일반 스키보다는 인라인스케이트 타는 느

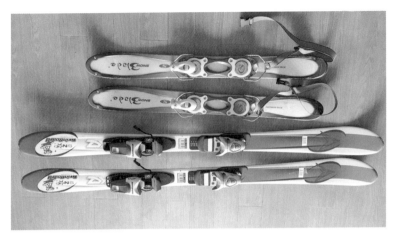

| 펀스키(위)는 크기가 작아 움직임이 편하며 스키폴이 필요 없어 행동이 자유롭다.

낌으로 타면 된다. 휴대도 간편해서 항상 차에 싣고 다니면서 즐길 수 있다. 한번 맛들이면 은근히 중독성이 있어서 다른 긴 플레이트의 알파인 스키 타기가 싫어진다. 그러나 짧은 스키를 타면 카빙스키(carving ski)의 멋진 회전이나 패러럴 턴 같은 고급 기술은 늘지 않는 단점을 감수해야 한다.

이보다 조금 긴 스키로는 쇼트 스키가 있다. 길이는 100~120센티미터 정도다. 보통 스노 블레이드(snow blade)라고 부르는데 카빙스키의 특성을 살려서 일반 스키로 구사하기 어려운 숏 턴과 카빙 턴을 쉽게 할 수 있다. 펀 스키와 마찬가지로 스키폴이 필요치 않아서 자유롭다. 펀 스키나 스노 블레이드는 숙달되면 묘기를 부리기 위한 반원형의 슬로프인 하프 파이프에서도 탈 수 있다. 우리나라에선 보기 드물지만 쇼트 스키를 신고서 패러글라이더로 활강하면서 스키를 즐기는 사람도 많다.

스키를 위해서는 가을부터 단련하라

스키장마다 겨울철이 다가오면 시즌권을 판매한다. 스키 시즌 전에 사면 가격도 할인받을 수 있고 매번 리프트권을 사는 번거로움도 덜 수 있다. 겨울 내내 스키 슬로프의 리프트를 이용할 수 있고 가격도 저렴하므로, 1년에 일주일 이상 스키장을 이용한다면 구매해볼 만하다. 일일 리프트권을 구입해서 스키장에 갈 경우에는 리프트가 많이 붐비는 낮 시간보다는 야간이나 새벽을 이용하면 가격도 싸고 붐비지 않아서 스키를 즐기기에 유리하다.

리프트는 초급자용, 중급자용, 상급자용으로 나누어져 있는데 자기 실력에 맞는 리프트를 타야 한다. 간혹 초보자가 상급자용 리프트를 잘못 타고 올라가서 중간에서 내려오지도 못하고 충돌 위험 때문에 쩔쩔매는 경우도 있다.

나는 겨울 스키 시즌이 시작되면 스키장 근처에 스키를 좋아하는 친구들과 방을 얻어서 숙식을 하면서 스키를 즐겼다. 비용도 줄일 수 있지만 같은 취미를 가진 동호인들과 어울려서 겨울 한철을 보내는 것이 무엇보다 즐거웠다. 금요일 저녁 때 퇴근해서 야간 스키를 탄 다음 숙소에서 자고, 이른 아침에 또다시 새벽 스키를 타면 하루 종일 타는 것보다 리프트 타는 횟수가 많다.

시즌에 스키를 제대로 타기 위해서는 가을부터 하체 훈련을 해야 한다. 추운 겨울에는 나이 들수록 움츠러들기 쉬운데, 과감히 떨치고 추위 속으로 성큼 나갈 것을 권한다. 추위를 적극적으로 즐기기 위해서는 스키가 제격이다. 특히 하체 운동은 나이 들수록 꾸준히 해야 근육의 감소를 막을 수 있는데, 스키만큼 하체 단련에 좋은 운동도 없다.

스키장은 대부분 눈이 많이 오는 강원도에 몰려 있으므로 겨울 여행과 겸해서 다녀오면 좋다. 어린아이부터 어른까지 남녀노소가 즐길 수 있으므로 할아버지 할머니가 손자를 데리고 삼대가 함께 즐겨보자. 가족의 화목과 건강함은 덤으로 온다.

승마—꼿꼿한 허리와 튼튼한 하체를 위하여

　'승마' 하면 대부분 귀족 스포츠, 또는 돈 많이 드는 스포츠로 생각할 것이다. 물론 승마용 말은 비싸고 회원권도 비싸고 장비도 비싸다. 그러나 단순히 승마만 레포츠로 즐긴다면 저렴하게 접근할 수 있다. 서울 근교 수도권에 개인이 운영하는 소규모 승마장이 많이 있다. 이런 곳은 시간당 말을 탈 수 있는 승마 쿠폰을 판다. 또 간단한 교육도 실시하며, 안장을 비롯한 장비도 갖추고 있어서 간편한 복장으로 가서 얼마든지 승마를 즐길 수 있다.

근육 운동과 정서 교감을 동시에

　승마는 단시간에 최고의 운동량을 자랑하는 스포츠다. 말에 올라타면서부터 우리 몸은 균형을 잡기 위해 허리와 하체, 허벅지와 종아리에 끊임없이 힘을 준다. 한 시간 정도만 타도 달리기로 두 시간을 뛴 운동량에 버금간다.

또한 움직이는 말 위에선 몸이 흔들리므로 장운동이 활발해지고 다이어트 효과가 있다. 우리 몸을 지탱하는 코어 근육인 허리와 허벅지가 단련되므로 근력과 지구력이 증강된다. 말을 타려면 올바르고 꼿꼿한 기마자세가 필요하기 때문에 자연스럽게 자세가 교정되고, 높은 말 위에 앉으면 자신감과 당당한 마음이 절로 생겨 호연지기가 느껴지는 덤도 얻을 수 있다.

말을 제대로 컨트롤하기 위해서는 커다란 말과 가까워지는 시간이 필요하다. 살아 있는 말과 정서적인 교감을 해야 하는 스포츠이므로 건강한 정신과 인성 함양의 효과가 있다. 이런 이유에서 승마는 충격적인 사건을 경험한 후 고통이나 불안을 호소하는 외상 후 스트레스 장애를 해소하는 데도 도움이 된다.

승마의 A부터 Z까지

기본적으로 말에서 떨어질 경우를 대비한 헬멧은 필수이며, 말과 마찰되는 종아리 부분까지 올라오는 목이 긴 승마 부츠도 필요하다. 승마용 바지는 부츠 속으로 집어넣으므로 바지폭이 좁고 엉덩이 부분을 가죽으로 덧댄 바지를 입는다. 그 외에 개인 안장을 소유하기도 하나 자기 소유의 말이 없을 경우에는 필요 없다. 처음 체험 승마나 교육을 받기 위해서는 승마장에서 장비를 다 빌릴 수 있으므로 간편한 복장으로 승마장에 가면 된다.

　승마를 하려면 먼저 말에 대한 이해가 선행되어야 한다. 커다란 몸집을 가진 말은 온순하고 겁이 많은 동물이므로 큰소리를 내서 말을 놀라게 하거나 말이 불안해할 만한 과격한 움직임을 보여서는 안 된다. 말 주변에서 움직일 때는 말 뒤편으로 가서는 안 된다. 말은 불안감을 느끼면 본능적으로 뒷발질을 할 수 있기 때문이다.

　말에 타기 전 말과 친숙해져야 한다. 대화는 안 되지만 편안한 마음으로 말을 끌어보고 쓰다듬으며 굴레도 매주고 안장도 등에 매주며 반드시 교관의 지시에 따라 행동해야 한다.

　말 등에 올라탈 때는 말에게 정신적 안정을 주면서 왼쪽에서 등자에 한쪽 발을 먼저 끼우고 가볍게 올라탄다. 탈 때에는 안장과 깃을 잡고 최대한 조심스럽게 가볍게 앉는다. 높이가 높으므로 보조의자 등을 이용할 수도 있다. 무거운 사람을 태우고 말없이 움직여주는 고마운 동물에게 감사와 사랑을 보내면 말도 기수의 그런 마음을 읽는다. 등에 앉고 난 다음에는 한 번 더 목덜미를 토닥이며 안정감을 표시한다. 그런 다음 허리를 꼿꼿이 펴고 양쪽 발걸이에 발끝을 올리고 발뒤꿈치는 살짝 아래로 내린다. 이때 허벅지와 종아리는 말 몸통에 가볍게 붙인다.

　말에 올라탔다면 부조를 배울 차례다. 부조란 말과의 대화다. 사람이 음성을 활용하는 부조로 '워~'와 혀를 차서 내는 소리인 '끌끌'이 있다. '끌끌'은 말이 사람에게 집중하도록 유도함과 동시에 전진시키는 부조다. '워~'는 말을 안정시키는 방법으로 주로 속도를 떨어뜨리거나 정지시킬 때 사용한다. 말은 습성상 기승자를 자신의 중심에 두려고 한다.

체중이 앞으로 쏠렸을 경우 말은 빠르게 움직이고 뒤로 누웠을 경우에는 느리게 움직인다.

말을 앞으로 나가게 할 때는 말의 배를 지긋이 압박한다. 좀 더 강한 강도가 필요할 경우에는 발뒤꿈치로 말의 배를 살짝 찬다. 말을 정지시킬 때는 '워~' 하면서 기승자의 중심이 흐트러지지 않을 정도로만 다리를 감싼다.

평보는 말의 사지가 각각 땅에 닿는 걸음을 말한다. 기승자는 말의 반동을 느끼면서 말의 리듬을 익힌다. 어느 정도 리듬을 익히면 출발과 정지를 반복해본다. 이는 출발과 정지를 통해 기승자가 부조 사용에 익숙해지도록 돕는 과정이다. 이 과정에서 부조가 전달되는 것을 느낀다면 기승자도 자신감이 생기고 말도 기승자의 부조를 받아들이게 된다. 평보를 할 때는 마장을 크게 돌기 때문에 방향 전환이 필요치 않으나, 만약 방향 전환이 필요하면 가고자 하는 방향으로 고삐를 가볍게 당긴다.

말의 걸음엔 속보와 경속보가 있다. 속보는 말의 앞뒤 다리가 대각선으로 한 쌍을 이뤄 땅에 닿는 걸음이다. 움직임이 평보와는 다르게 상하 반동이 생겨 기승자가 느끼기에 움직임이 크게 느껴질 수밖에 없다. 기승자는 속보 반동에서 균형을 잘 유지하면서 기본자세를 유지하는 것에 초점을 맞춰야 한다.

평보는 상하좌우전후 반동이 생기지만 반동의 크기는 크지 않다. 기승자는 앞뒤 리듬을 타게 된다. 반면 속보는 상하 반동이 생겨 기승자가 느끼기에는 평보에 비해 큰 상하 반동을 느끼게 된다. 속보를 처음

하는 경우 기승자가 반동을 제대로 받지 못하면 엉덩이에 받는 충격이 클 수 있다. 이럴 때 기승자는 교관의 2박자 리듬인 경속보로 박자에 맞추어 엉덩이를 들어준다. 처음엔 경속보의 박자 맞추기가 어려우므로 교관의 구령에 맞추어 엉덩이를 들어주면 된다. 이때부터 드디어 말을 타는 기분을 느끼게 되며 운동 효과가 가장 크다.

구보는 '다그닥 다그닥' 하는 삼박자 리듬이다. 글자 그대로 말이 가장 자연스럽게 뛰는 형태다. 이때 상체를 앞으로 숙이면 안 되고 약간 뒤로 기대는 느낌으로 말의 상하 반동을 느끼며 마치 그네 타듯이 엉덩이로 꾹꾹 눌러준다. 구보는 가장 박진감 있고 재미있지만 익숙하지 않으면 무섭게 느낄 수도 있다. 구보는 속보보다도 부드럽지만 속도는 두 배 이상 빠르므로 반드시 교관의 지도하에 배우도록 한다.

승마의 꽃은 외승이다. 기본 교육을 마친 다음 정해진 마장에서 벗어나 산야를 마음껏 달리는 것이 외승이다. 말이 예기치 않은 상황에서 놀랄 수도 있으므로 외승은 충분히 숙달된 다음 나가도록 한다. 해변에서 달릴 수도 있고 숲속을 달릴 수도 있으며, 말과 함께 힐링되는 느낌을 가장 많이 받을 수 있다.

승마는 말위에 편안하게 앉아 있으므로 운동량이 적을 듯하지만, 온몸 운동이므로 처음 배울 때는 한 시간만 타고 내려와도 걷기가 힘들 정도로 근육운동이 많이 된다. 모든 운동이 그렇듯이 어느 정도 숙달되면 힘 빼는 방법을 알게 되고, 그때부터는 편안하게 즐길 수 있다.

승마는 무엇보다 동물과 교감하며 즐기는 스포츠이므로 다른 운동과는 결이 많이 다르다. 살아 있는 몸집 커다란 동물과 살을 맞대고 하는

| 가족과 함께 승마를 즐기는 것도 좋다.

| 말은 매우 예민하고 온순한 동물이므로 말을 탈 때는 말과 교감하는 일이 중요하다.

운동이므로 남다른 애정도 느낄 수 있다. 누구나 한 달 정도만 타면 말 위에서 편안함을 느끼므로 재미난 레포츠로 추천할 만하다.

텔레비전 사극 드라마나 영화를 보면 말타는 장면이 자주 나온다. 그런데 말을 타는 주인공들은 한결같이 "이랴" 하면서 말을 다룬다. 그런데 실제로 말을 탈 때는 "이랴" 하고 외쳐봐야 말은 전혀 반응하지 않는다. '이랴'는 말을 보낼 때 쓰는 부조가 아니라 소를 앞으로 보낼 때 쓰는 소리이기 때문이다. 기본적으로 말은 소리의 음파에 반응한다. "이랴" 하고 큰소리로 말하면 말이 움찔 놀랄 수는 있으나 부조로 받아들이지는 않는다. 말의 부조는 세계 어디를 가든 통하는 말-사람간의 공용어다.

스쿠버다이빙-지구의
3분의 2를 탐험하다

　물속을 자유롭게 날아다니듯 유영하는 레포츠를 일반적으로 스킨스쿠버다이빙이라고 한다. 여기서 말하는 스킨다이빙과 스쿠버다이빙은 엄연히 다르다.

　스킨다이빙(skin diving)은 글자 그대로 맨몸으로 얼굴에 물안경과 오리발이라 부르는 물갈퀴, 숨 쉴 수 있는 스노클만 끼고 물속에 들어가서 숨을 참고 유영하는 것이다. 비교적 수심이 얕은 곳에서 하는 스킨다이빙은 '스노클링(snorkeling)'이라고도 하는데 머리를 물속에 넣고 숨쉬도록 숨대롱(snorkel)을 물고 다이빙을 한다. 스킨다이빙은 스쿠버다이빙의 기초가 된다. 잠수하는 물의 깊이는 대략 15미터 미만이고, 한 번의 잠수 시간은 숨을 참을 수 있는 30초에서 1분 30초 정도로 한다.

반면 스쿠버다이빙(scuba diving)은 등 뒤에 공기통을 달고 레귤레이터로 호흡을 하면서 물속을 자유롭게 유영할 수 있다. 여기서 스쿠버(SCUBA)는 Self-Contained Under Water Breathing Apparatus의 약자로 '수중 자가 호흡'을 뜻한다. 잠수할 수 있는 시간은 공기를 넣은 탱크의 크기와 잠수하는 깊이에 따라 달라지는데, 수심 10미터에서 약 40~50분, 20미터에서는 30~35분간 잠수할 수 있다.

스포츠 다이빙의 한계는 수심 30미터 정도다. 그 이상은 빛이 투과하기 어려워 물속이 어두운 회색으로 보이며, 수압에 따른 감압 시간 등 여러 가지 위험 요소가 있어서 권하지 않는다. 가장 아름다운 바다 속 풍경은 물이 맑은 곳에서 빛이 잘 투과하는 수심 5미터에서 15미터 사이다. 요즘은 동남아 바닷가로 여행을 가면 간단한 교육을 받고 스킨스쿠버다이빙 체험을 할 수도 있다.

다이빙 교육은 필수다

물속에서 하는 스포츠는 위험 요소가 따를 수 있으므로 반드시 교육 후 스킨스쿠버다이빙을 즐기도록 한다. 특히 공기와 압력, 물속에서 우리 몸의 생체 변화에 대한 이론 교육을 반드시 받아야 한다.

스쿠버다이빙에 사용하는 공기통에는 산소 약 20퍼센트, 질소 약 80퍼센트의 비율로 깨끗한 공기를 압축하여 사용하는데, 수심에 따라 공기가 받는 압력이 달라지므로 탱크 속 공기의 부피도 달라진다. 수면의 압력은 대기압과 같은 1기압이지만, 수심이 10미터씩 깊어질수록 1기압씩 높아지게 된다. 즉 수심 10미터에서는 2기압의 압력이, 20미터에

| 스쿠버다이빙 전 장비 점검은 필수다.

서는 3기압의 압력이 작용한다. 그래서 수심이 깊어지면 다이버가 더 많은 양의 공기를 소비하게 된다. 또 초보자일수록 불안해하므로 호흡이 빨라져서 더 많은 공기를 소비한다. 그러므로 다이버가 똑같은 크기의 공기탱크를 가지고 물에 들어가도 깊이에 따라 잠수할 수 있는 시간이 달라진다. 이 때문에 스쿠버 다이빙을 할 때는 수심에 따라 공기탱크 속에 있는 공기의 양을 반드시 확인해야 한다.

잠수병에 대한 기본 지식을 이해해야 하고, 감기 걸렸을 때는 잠수하지 말아야 한다. 우리 몸은 수심에 따라 몸 안의 압력과 외부의 압력을 맞추어야 하는데 이를 이퀄라이징(equalizing)이라고 한다. 잠수하면서 수압이 높아지면 코를 막고 힘을 주어서 공기를 귀로 보내 압력 균형을 맞춰야 한다. 그러나 감기에 걸리면 코와 귀를 이어주는 관이 막히므로 압력이 맞지 않아 고막이 파열될 수도 있다.

오픈워터(open water)는 스쿠버다이빙의 기초 과정을 익히는 과정으로 2~3일 정도의 이론 교육과 실습으로 진행한다. 처음에는 5미터 실내 풀에서 실습하고 바다에서 2회 정도 실시한다. 이 과정을 이수하면 18미터의 수심까지 잠수할 수 있다. 오픈워터의 교육과정은 스쿠버 장비 셋업하기, 물속에서 수신호 익히기, 수중에서 호흡하기, 마스크 물빼기, 짝과 호흡하기, 공기 체크하기, 하강과 압력 평형, 수중 유영, 예비 공기 사용하기, 상승 및 수면으로 복귀 등이다.

모든 운동이 그렇듯 스킨스쿠버다이빙 역시 기본기가 가장 중요하고 힘들다. 하나의 기술을 완수하지 못하면 계속 반복해서 훈련하고 연습해야 한다. 처음엔 물과 서서히 친숙해져야 한다. 물속에서 장비를 착용하면 시야가 좁아지고 조금만 이상해도 깜짝깜짝 놀라는 패닉 현상이 올 수 있으므로 물속에서 장비를 벗고 착용하는 연습을 숙달될 때까지 해야 한다. 수영을 할 줄 몰라도 스쿠버다이빙은 할 수 있다. 교육 중 물갈퀴를 끼고 발차기를 배우므로 수영도 자연히 익힐 수 있다. 잠수복의 부력을 상쇄하는 웨이트 벨트(weight belt)를 차고 몸이 수중에 정지할 수 있게 중성 부력을 만들면 비로소 물속에 떠서 자유롭게 나르듯 유영하는 자유로움을 맛볼 수 있다.

제2의 지구를 누비자

교육 중에는 개인 장비가 필요치 않으나 본격적으로 스쿠버다이빙을 즐기려면 몇 가지 장비가 필요하다. 스쿠버다이빙은 장비 의존도가 높고 가격도 천차만별이다.

공기탱크는 일반적으로 구입하지 않고 다이빙 포인트 근처 숍에서 필요한 개수만큼 웨이트 벨트와 함께 빌려서 쓴다. 부력조절 자켓은 BC(buoyancy compensator)라고 부르는데, 공기탱크를 맬 수 있게 하고 부력을 조절해서 몸을 뜨게 해준다. 마스크는 물안경이며 코까지 덮을 수 있어야 한다. 잔압 측정계는 수심계와 나침판까지 함께 붙어 있으며 공기탱크의 잔여 공기량을 알 수 있다. 호흡기는 공기탱크에 연결해서 호흡을 할 수 있게 압력을 낮추어주는 장치로서 본인용과 비상용 두 개를 사용한다. 잠수복은 습식(wet suit)과 건식(dry suit)이 있다. 두께 3~5밀리미터 정도의 원단으로 3계절 사용 가능한데, 겨울에는 주로 건식 잠수복을 사용한다. 스노클은 물 표면에서 호흡하기 위한 빨대이며 스킨다이빙 시 주로 사용한다. 물갈퀴는 물속에서 부드럽게 속도를 내기 위한 오리발이다. 그 외 장갑, 신발, 라이트 나이프 등도 필요하다.

수중에서 하는 스포츠는 많은 에너지를 소모한다. 물속에서는 부력 때문에 무게를 못 느끼지만 장비를 다 착용하면 20킬로 이상 된다. 운동량도 크므로 하루에 두 번, 오전 오후에 각각 한 번씩만 다이빙하고 충분한 휴식을 취해야 한다. 그리고 다이빙이 끝나고 상승할 때는 서서히 올라와서 잠수병을 예방해야 하며 잠수 후 곧바로 비행기를 타는 것은 좋지 않다. 공기통을 메고 하는 스쿠버다이빙도 좋지만 숙달되면 자

| 물 속에서 중성 부력으로 유영하는 즐거움을 느껴보자.

유로운 스킨다이빙이 더 매력적이다. 물고기처럼 아무 장비도 없이 물속을 자유롭게 유영할 땐 아름다움의 극치를 느낀다.

처음 잠수하면 물속의 깊이에 따라 변하는 수중 세계의 아름다움에 반하고, 형형색색의 다채로운 물고기에 넋을 잃는다. 다이빙이 계속되면서 다른 취미와 연결할 수도 있다. 사진을 좋아하면 수중 촬영을 할 수도 있다. 고기를 잡기 원한다면 수산자원 보호 구역이 아닌 곳에서만 가능하고, 해녀나 바다를 생계로 하는 어민과 마찰이 없어야 한다.

어드밴스(advance) 이상의 다이버가 되면 수중 난파선 탐사도 할 수 있고 수중 동굴 탐사도 할 수 있다. 다이빙을 할 때는 물속에서 위험이 따를 수 있으므로 항상 자격증이 있는 동료와 함께 잠수하여야 하며, 모르는 사람과 다이빙 할 때는 각자의 라이선스와 로그북을 확인해야 한다.

지구의 3분의 2가 바다다. 이 엄청난 바다 속에는 산도 있고 숲도 있으며 엄청난 물고기와 식물이 있는, 그 자체로 새로운 미지의 세계다. 바다 속을 모르고 산다는 것은 세상의 반 이상을 못 보는 것과 같다. 우리나라도 제주도를 비롯한 동해안에서 4계절 스쿠버다이빙을 즐길 수 있다. 잠수복을 입고 하므로 겨울에도 얼마든지 가능하다. 간단한 스킨스쿠버 기술을 배워서 제2의 지구인 바다 속을 자유롭게 누벼보자.

세계일주-오대양 육대주를 돌아다니자

　노후의 버킷리스트를 적을 때 사람들은 주로 해외여행 계획을 많이 세운다. 젊어서는 자금도 부족하고 활발히 경제활동을 하는 시기이므로 엄두를 못 내지만, 노후에는 자금과 시간 여유가 생기는 까닭이다. '나이 들어서 다리 떨리기 전에, 심장이 뛸 때 여행을 떠나라'는 말도 다 이런 이유에서 나온 소리다.

　자신이 태어나 한평생 살아온 지구를 죽기 전에 한번 다 돌아보는 일은 정말로 가슴 뛰는 일이다. 여행의 묘미는 떠나기 전 준비 단계부터 가슴이 설렌다는 것이다. 머릿속으로 갈 곳을 상상하면서 새로운 환경을 마주할 생각에 매일 매일을 즐겁게 들떠서 준비한다. 물론 아무리 철저히 준비한다 해도 여행지에서는 생각지도 못한 변수가 생긴다. 이런 변수에 대처하는 것이 참된 여행의 즐거움이다.

세계를 일주하는 여러 가지 방법

세계를 일주하는 방법엔 몇 가지가 있다. 최소한 6개월에서 1년 이상 걸려 한 번에 세계일주하는 방법과, 대한민국을 베이스캠프로 삼아 오대양 육대주를 나누어서 여행하는 방법이 그것이다. 후자의 경우, 한 개의 대륙을 끝낼 때마다 다시 한국으로 들어와 에너지를 충전하고 다음 여행을 준비하면 된다.

여행 방법과 수단도 비행기로 하는 방법, 선박을 이용한 크루즈 여행, 직접 차량이나 오토바이 또는 자전거를 타고 방법도 있다. 일반인들이 가장 쉽게 할 수 있는 방법은 비행기 여행이다.

크루즈 여행은 가고자 하는 코스와 여행사만 잘 선정하면 제일 편하게 할 수 있지만 비용이 많이 든다는 단점이 있다. 오토바이나 자전거 여행은 무척 다이내믹하고 위험도 따르지만 진짜 여행 마니아라면 한번쯤 도전해해볼 만하다. 그 외에 단기간에 여행사를 따라다니며 하는 패키지여행도 있다. 일반적으로 제일 많이 선호하는 여행 유형이다.

여행을 즐겁게 하는 또 하나의 방법은 미리 공부하고 떠나는 것이다. 각국마다 언어가 다르므로 외국어를 다 할 수는 없지만 간단한 영어 정도는 한 번 더 공부하고 가는 것이 좋다. 약간의 용기만 낸다면 외국인과 생활 영어 정도는 어렵지 않게 할 수 있다. 또 여행지에 대한 사전 지식을 쌓고 가야 한다. 수박 겉핥기식으로 증명사진만 찍어오지 말고

| 크루즈 여행은 편안함과 안락함 면에서 단연 으뜸이다.

여행지의 역사와 문화를 공부하고 간다면 여행 후 내면이 훨씬 깊어진 자신을 느낄 수 있으며 추억도 훨씬 오래 간직할 수 있다.

두 번에 걸친 세계일주 계획은 무산되고

나는 해외여행 자유화가 시행되기 전 여행가 김찬삼 씨의 세계일주 여행기를 읽고 자란 세대다. 그때는 세계일주가 요원한 꿈일 수밖에 없었다. 그러나 88올림픽 이후 해외여행이 자유화되면서 일부 국가를 제외하면 전 세계 어디든 여행할 수 있는 길이 열렸다.

나의 첫 세계 여행은 90년대 초 아내와 한 달간 다녀온 유럽 배낭여행이었다. 그 뒤 나는 세계일주를 꿈꾸고 계획했다. 전 세계 96개 나라에 자동차를 직접 몰고 2년 동안 지구 일곱 바퀴 반인 30만 킬로미터를 운행하는 대장정을 꿈꿨다.

그 당시 성우 배한성 씨가 화가 친구와 함께 대우자동차에서 만든 소형 승용차 티코를 타고 구소련이 붕괴된 시베리아를 횡단하는 여행길에 올라 화제가 되었다. 이 여행은 유라시아 대륙 횡단으로 이어졌는데 기아자동차는 SUV 차량인 스포티지로 파리-다카르 랠리를 지원했으며 김찬삼 교수는 현대 갤로퍼를 타고 '해를 따라 서쪽으로'라는 세계일주 광고를 찍기도 했다.

나는 직장 생활을 하면서 기획조정실의 도움으로 세계일주 준비를 했다. 아내와 같이하기로 하여, 아내도 운전면허를 따고 같이 아마추어 무선사 자격증도 땄다. 혹시나 아프면 스스로 치료해야 하므로 수지침도 배우고, 식량을 절약할 목적으로 생식도 했다. 세계일주 여행 중에 두 아이를 맡겨야 하므로 처제도 우리 동네 근처로 이사 오게 했다. 그리고 회사의 지원을 받으려고 여행 계획서를 만들어서 기획조정실에 제출했다. 마침 담당자가 배한성 씨의 시베리아 횡단 티코 여행을 기획한 직원이라서 긍정적인 회신을 받았다. 차량을 개조해서 100리터짜리 연료통을 달고, 무전기와 GPS를 장착하고 10만 킬로마다 차량을 교체하는 것으로 했다. 모든 자료와 기사는 회사를 통해서 나가는 것으로 했고, 아내도 임시직으로 회사에서 채용하는 것으로 해서 경비 지원도 받았다.

이렇게 나의 세계일주 계획은 착착 진행되는 듯했으나, 최종 결정에서 회사의 위험 부담에 대한 책임 문제로 무산되고 말았다. 한순간 모든 것이 무너지는 듯했다.

그러나 내 꿈을 포기할 순 없었다. 두 번째의 세계일주 여행 기회가 다시 왔다. 바로 2002년 서울 월드컵 대회가 열릴 때였다. 마침 경비행기 라이선스를 따고 취미 비행을 즐길 때인데, 이전 개최국인 프랑스에서부터 초경량 항공기를 타고 월드컵 개최지인 상암동 월드컵 경기장까지 비행하는 멋진 프로젝트였다. 한국으로 비행하면서 월드컵 본선에 출전하는 32개국을 들러서 오는 참신한 계획이었다. 프랑스의 경비행기 제작사인 '에어크레이송'에서도 경비행기 한 대를 무상으로 지원하기로 했다. 그런데 이 초경량 항공기에는 두 명만이 탑승할 수 있는데 공동 개최국인 일본인과 지상 지원팀에 취재팀까지 합류하니 인원 초과가 되고 말았다. 결국 이 계획도 우여곡절 끝에 안타깝게도 무산되었다.

결국 이루지 못한 세계일주의 꿈은 내 가슴에 항상 남아 있어서 자투리 시간이 날 때마다 한 개 대륙씩 내 돈으로 편안하게 여행하고 있다. 스폰서를 두고 필요한 여행 비용을 경비 지원을 받으면 좋겠지만, 자비로 하는 여행이 부담도 없고 마음대로 스케줄을 변경할 수 있으니 마음은 한결 편하다.

해외여행-조금 색다른 경험을 즐기다

인터넷 포털사이트에서 '은퇴 후 50년'이란 카페에 가입했다. 이곳의 회원이 되려면 자기소개와 함께 자신의 은퇴 후 계획을 적어야 하는데, 다른 사람들의 계획이 궁금해서 쭉 읽어보았다. 은퇴 후 여러 가지 재미있는 계획들이 많이 있었는데 은퇴 후 가장 하고 싶어 하는 것이 부부 동반 해외여행이었다. 일상이 아닌 익숙하지 않은 공간에서 매일매일 새로운 기대로 아침에 깨어나는 여행은 삶에서 좋은 충전 기회가 된다. 현업에서 여전히 활발히 활동하고 있는 나이 든 배우들이 좌충우돌하며 해외여행을 즐기는 〈꽃보다 할배〉 프로그램이 큰 인기를 끈 것도, 여행을 즐기는 활기찬 시니어들의 모습에 많은 이들이 흥미를 느끼고 또 공감을 했기 때문일 것이다.

해외여행은 이제 그다지 드문 일이 아니다. 단체로 다녀왔든 부부 동반으로 다녀왔든 누구나 한두 번쯤은 해외여행 경험이 있을 정도로 이제는 흔한 일상이 되었다. 그러니 조금은 특색 있는 해외여행을 해보자. 예전엔 비행기 타고 해외에 나가는 것 자체가 주는 기쁨이 컸다. 가이드의 인솔에 따라 학생들처럼 유명 관광지 위주로 다니면서 서둘러 사진을 찍고 다음 코스로 이동하면서 일정 따라 바쁘게 여행을 즐기곤 했다. 그러나 이런 방식의 여행은 다녀와서 마음에 남는 울림이 없다. 큰 감동도, 색다른 기억도 별로 남아 있지 않고 쇼핑 보따리만 잔뜩 들고 오는 소비적인 여행이었다.

여행은 국내든 해외든 인생을 풍요롭게 만들어준다. 또 돌아갈 곳이 있다는 행복감과 자기 자신을 돌아보는 계기를 제공하고 모든 것에 감사함을 느끼게 해준다. 이제는 특색 있는 여행을 계획할 때다.

낯선 외국에서 한 달간 살아보기

제주도 열풍이 불면서 제주로 옮겨가는 인구가 눈에 띄게 늘었다. 무작정 보따리를 싸서 제주로 내려가 게스트하우스를 열거나 카페를 차리는 젊은이들이 있는가 하면 제주도의 한가한 삶을 누리려 사표를 던지고 비행기에 몸을 싣는 직장인도 많다. 그러나 삶의 터전을 옮긴다는 것이 쉬운 일은 아니다. 그래서 유행한 것이 제주도에서 한 달 살아보기다.

그러나 '여행'과 '살아보기'는 확실한 차이가 있다. 여행이 자기가 사는 곳을 떠나 유람을 목적으로 객지를 두루 돌아다니는 것이라면, 살아보기는 여행보다 장기적으로 머물면서 현지인의 생활을 직접 체험해 나가는 것이다. 바쁘게 움직이는 여행 대신 오랫동안 한 곳에서 머물면서 평소 자신이 관심 있던 지역에 깊이 들어가 보는 것이다. 그런 경험은 다른 삶의 방식을 직접 체험할 수 있어 자신의 인생을 훨씬 풍요롭게 만들어준다.

물론 편하게 살려면 말 잘 통하는 우리나라가 좋다. 그러나 로버트 프로스트의 시처럼 미지의 '가지 않은 길'로 한번쯤 가보고 싶지 않은가? 직장 생활 중 해외 발령을 받아서 살아보는 것과 은퇴 후 본인이 살고 싶은 나라를 자유롭게 선정해서 가는 것과는 차이가 있다.

은퇴 후 외국에서 한 달 살기를 할 때는 치안이 안정되고 기후가 온화한 곳으로 목표를 정해서 그 나라에 대한 충분한 공부를 하고 가야한다. 한 달 살아보기는 우리나라보다 물가가 싸고 자연환경이 좋은 곳을 추천하고 싶다.

여행과 다른 가장 큰 차이점은 숙소 구하기다. 여행이야 잠깐 호텔에서 지내도 되지만 체류 기간이 길어진다면 호텔보다 집을 렌트하는 것이 좋다. 요즘은 에어비엔비를 많이 이용한다.

정보 포털서비스 업체인 데일리 라이프가 뽑은 한 달 살기 좋은 나라 '베스트 10'을 중심으로 세계의 아름다운 도시를 아래 소개해본다.

• 인도네시아 발리

이 업체가 소개한 첫 번째 도시는 인도네시아 발리다. 발리는 매일 바다를 보며 식사하고 마음껏 스노클링을 할 수 있는 곳으로 과거부터 지금까지 꾸준히 인기 신혼 여행지로 꼽히는 섬이다. 비교적 저렴한 물가와 더불어 자연 속 쉼을 만끽할 수 있어 전 세계인이 사랑하는 휴양지이기도 하다. 전 세계에서 많은 사람들이 이곳을 찾아 장기간 머물며 발리의 진짜 모습을 발견하고 간다. 자연환경만 아름다운 것이 아니다. 잘 보존된 문화재와 광역통신망도 잘 발달해 있어 젊은 사람들에게도 인기가 많다.

• 프랑스 파리

예술 쪽으로 공부하거나 관심이 있다면 파리에서의 생활을 추천한다. 파리 시내의 집값은 꽤 비싸지만 대신 책과 사진으로만 보던 수많은 예술 작품들을 직접 볼 수 있다는 점이 가장 큰 매력이다. 예술의 도시인 만큼 미술관 및 박물관도 많은 편이며 웅장한 노트르담 대성당과 낭만을 즐기기 좋은 센강 등 시내에서 즐길 거리도 매우 많은 편이다. 또한 파리에서 외곽으로 갈 수 있는 교통편이 잘 되어 있는 편이라 프랑스의 이곳저곳도 누빌 수 있다.

• 태국 치앙마이

한 달 살기 열풍의 중심에 바로 태국의 치앙마이가 있다. 디지털 노마드들이 사랑하는 도시로 알려진 만큼 어딜 가나 빠른 와이파이를 제공하는 카페가 많다. 24시간 운영하는 곳도 많으며 커피로 유명한 곳이다 보니 힙한 카페를 거리 곳곳에서 찾아볼 수 있다. 게다가 저렴한 물가 덕분에 3,500원 정도면 맛있는 음식을 풍족하게 먹을 수 있다. 화려한 매력이 있는 도시는 아니지만 유유자적 자기만의 시간을 즐길 수 있는 곳임에는 틀림없다.

• 체코 프라하

낭만의 도시, 체코의 프라하도 한 달 살기 좋은 도시로 추천한다. 동유럽의 꽃이라고 불리며 로맨틱한 감성이 살아 있는 프라하는 도시 규모 자체가 크지 않기 때문에 굳이 이동 수단이 없어도 도보나 대중교통으로 편하게 여행하기 좋다. 저렴한 가격에 한 달 프리 패스를 구입하면 무제한으로 대중교통을 이용할 수 있다. 다른 유럽에 비해 비교적 저렴한 물가도 장점으로 꼽히고 무엇보다 프라하 구시가지에서 야경을 감상하며 맛있는 맥주를 함께 즐기는 매력이 상당하다.

• 독일 베를린

독일 베를린은 전 세계에서 수많은 아티스트들이 모여드는 도시다. 일단 클래식한 분위기의 파리나 런던보다는 좀 더 모던한 분위기이며 상대적으로 물가나 집값이 저렴하기 때문이다. 국적을 막론하고 전 세계 각지에서 모이다 보니 다양한 인종과 문화가 만들어내는 이색적인 매력을 충분히 느낄 수 있다. 도시 곳곳에는 공원이 잘 조성되어 있어 평소보다 느리게 생활하면서 잔디밭에 앉아 일상의 소중함을 느껴도 좋다.

• 포르투갈 포르투

포르투갈 포르투는 조앤 롤링(Joan K. Rowlin)이 《해리 포터》를 집필

한 곳으로 유명하다. 해리 포터 소설의 배경이 된 만큼 이곳의 거리 곳곳은 너무나도 아름다워 정말 카메라 용량이 가득 찰 때까지 사진을 찍게 된다. 시내 가까이에 바닷가가 있어 해변 산책을 즐기기도 좋고 중세 건물로 가득 차 있는 구시가지는 바라보는 것만으로도 힐링이 된다. 스페인과 비슷한 분위기이지만 상대적으로 저렴한 물가에, 특히 식재료가 저렴한 편이며 물처럼 싼 와인이 가득해 먹을 걱정은 따로 하지 않아도 된다.

• 일본 교토

가까운 나라 일본에서의 삶은 어떨까? 맛있는 음식이 가득한 오사카도 좋고, 없는 게 없는 도쿄도 좋지만 일본 특유의 감성을 가득 담고 있는 교토에서 일상을 즐겨보는 것은 어떨까? 이 도시는 매우 차분한 편이다. 그래서 '빨리빨리' 일상에 지쳐 있는 우리에게 더할 나위 없이 좋은 곳이다. 처음에는 빨리빨리 습관을 버리지 못해 약간 답답할 수 있겠지만 천천히 분위기를 느끼며 인생 한 부분에 쉼표를 찍듯 좀 더 여유로운 일상을 즐길 수 있다.

• 헝가리 부다페스트

인구 180만 명의 대도시인 헝가리 부다페스트는 동유럽의 대표적인 관광지 중 하나다. 체코나 오스트리아 등 다른 동유럽 국가와 인접해 있기도 하지만 전통과 현대가 공존하는 도시라 많은 관광객들에게 사랑받고 있다. 특히 유럽의 3대 야경으로 손꼽히는 국회의사당을 비롯해 세계에서 가장 좋은 온천이라고 불리는 곳이 있다. 부다페스트에서는 클래식, 오페라와 같은 문화생활도 즐길 수 있다. 빵과 와인, 커피와 맥주 등 식비도 저렴한 편이며 시내 카페에서는 와이파이를 쉽게 이용할 수 있다.

• 슬로베니아 류블랴나

슬로베니아의 수도인 류블랴나는 알프스산맥과 지중해 사이에 위치해 아름다운 자연 경관을 자랑한다. 인구도 30만 명이 채 되지 않는 작은 도시라 북적북적하지 않고 조용하게 소소한 일상을 만끽하기에 좋다. 16세기부터 오랜 세월을 간직해온 고풍스러운 분위기의 류블랴나성이 대표적인 랜드마크이며 유럽의 중심부에 위치해 있어 도시 곳곳에서 다채로운 건축 양식을 만날 수 있다. 마치 중세 시대를 배경으로 하는 동화 속으로 들어온 듯한 느낌이라고 할까? 늦잠을 자고 시내를 산책하는 것만으로도 충분히 행복할 수 있다.

• 호주 브리즈번

브리즈번은 시드니나 멜버른에 비해 규모가 작은 도시다. 하지만 그 어떤 도시보다 여유가 많이 느껴진다. 겨울 시즌이더라도 우리나라처럼 뼛속을 파고드는 추위는 없으니 계절에 크게 구애받지 않고 방문할 수 있다. 브리즈번은 과거와 현재 그리고 자연이 조화를 이루는 곳이다. 앤티크한 건물 사이에는 모던한 현대식 건물이 색다른 매력을 자아내며, 시내를 감싸는 듯 흐르는 브리즈번강과 보타닉 공원, 사우스뱅크

파크랜드에서는 자연이 주는 평화와 여유가 느껴진다. 모르는 사람이라도 눈이 마주치면 웃으며 인사를 건네는 도시, 브리즈번에서 또 다른 일상을 만끽해보자.

행동파 시니어의 남다른 해외여행

남다른 여행을 계획한다면 특별한 경험을 해볼 수 있는 여행을 추천한다.

'뉴질랜드'는 익스트림 레포츠 여행을 즐기기에 좋다. 세계 최초의 원주민들이 번지점프를 한 카와라우강에서의 번지점프와 교관과 함께하는 스카이다이빙은 오래도록 색다른 추억이 될 것이다. 트레킹 코스 중 가장 아름답다는 밀포드 트래킹은 원시림과 폭포 속을 걷는 이색 체험을 선사하며 제트보트 체험은 멋진 추억을 남겨줄 것이다. 또한 바다를 바라보며 뜨거운 물에 몸을 담그는 노천 온천은 여행의 피로를 깨끗이 씻어준다.

'아프리카'는 야생동물을 자연 그대로 볼 수 있는 탄자니아 세렝게티 초원의 사파리여행과 지구온난화로 언제 없어질지 모르는 킬리만자로 설산 여행 그리고 시시각각 다른 모습을 보여주는 사하라 사막 여행 등이 있다.

여행 고수들이 권하는 '인도 배낭여행'도 도전해볼 만하다. 인도 배낭여행을 해보지 않고서는 여행에 대해 말하지 말라 할 정도로 난이도가 높으며, 여행의 진수를 제대로 맛볼 수 있는 여행이다.

걷기 열풍을 일으킨 제주 올레길의 원조인 '스페인 산티아고 순례길'

| 아프리카 케냐에서 즐기는 열기구 여행은 특별한 감흥을 준다.

은 한국 사람이 절반을 차지할 정도라고 한다. 프랑스의 국경 마을 생장 피드포르에서 피레네산맥을 넘어 스페인 북부 지역을 동에서 서로 횡단하는 이 길은 길이 800킬로미터에 40일이 걸리는 대장정이다. 이 길을 걷는 동안 자신이 살아온 삶을 되돌아볼 수 있는 좋은 기회를 만날 수 있다.

지구 반대편에 있는 남미 루트의 시작점인 페루와 세계에서 가장 긴 안데스산맥과 남극까지 갈 수 있는 '칠레'는 요즘 많이들 다녀오는 코스

│ 미국 세도나를 헬기로 투어하며 장대한 풍경을 직접 볼 수 있었다.

가 되었다. 나라가 길기 때문에 중간중간 볼리비아의 우유니 소금사막
과 아르헨티나의 유명한 파타고니아 산군을 다녀올 수 있다. 시간이 된
다면 모아이 석상이 있는 이스터섬까지 다녀온다면 환상적이다.

　열차를 이용하는 대표적인 여행으로는 '시베리아 횡단열차'가 있다.
세계에서 가장 긴 9,288킬로미터로 중간에 내리지 않고 탈 경우 8일이
걸린다. 횡단 열차에서 눈을 뜨면 아침의 황홀한 해돋이를 볼 수 있고,
저녁이면 붉게 물든 노을과 자작나무숲을 영화 감상하듯 볼 수 있다.
친한 친구와 함께 책 몇 권을 가방에 넣고 블라디보스토크부터 모스크
바까지 황량한 벌판을 침대 열차에서 먹고 자며 달려보자. 중간에 내려
서 볼 만한 곳으로는 세계 최고 깊이의 바이칼호와 아무르강을 끼고 있
는 동양의 유럽 하바롭스크 등이 있다.

　'미국 대륙 서부'를 속속들이 즐기는 대표적인 방법은 캠핑카 여행이

다. 몇 커플이 공동으로 이용하면 비용도 저렴하고 숙식도 해결된다. 그랜드캐니언과 옐로스톤 공원, 요세미티 공원과 세도나 등 시간이 허락하면 무궁무진하게 즐길 수 있다. 자동차로 여행한다면 시카고에서 출발하여 로스앤젤레스까지 이어지는 서부 개척의 역사적인 길 '루트 66'을 달려보라고 권하고 싶다.

산을 좋아하는 사람은 '네팔의 에베레스트 트레킹'이나 안나푸르나 트레킹을 권하고 싶다. 하루 종일 눈 덮인 설산을 보며 걷는 트레킹은 짐을 옮겨주는 포터와 동행하므로 가벼운 배낭만 메고도 트레킹이 가능하다. 중간중간에 로지(lodge)에서 쉬면서 고도 적응을 할 시간이 있으므로 고산병 걱정은 안 해도 된다.

4장

정신적 활동을
위한 놀이

외국어 스터디에
가입하라

독일의 대문호 괴테는 '가장 유능한 사람은 가장 배움에 힘쓰는 사람'이라고 했다. 특별한 경우를 제외하곤 대부분 학창 시절에 배운 학문과 상식으로 평생을 살아간다. 직장에서 업무를 위한 직무 교육도 받고 운전면허를 따기 위해서 운전 교육도 받지만 스스로의 지식을 넓히기 위한 교육은 안 하는 편이다.

이제 여유 시간이 많은 퇴직 후에 본인을 위한 진짜 공부를 해보자. 독서 모임에 가입해서 정해진 책을 읽고 독서 토론을 하는 방법도 있고, 해외여행을 하기 위하여 또는 외국의 문화를 이해하기 위하여 외국어를 배우는 방법도 있다. 모국어가 아닌 다른 언어를 배우기 위해 투자하는 시간과 노력은 현대인들에게는 꿈을 이루기 위한 준비 과정이다.

언어는 곧 문화와 역사를 배우는 일이다

언어를 배운다는 것은 그 언어의 배경이 되는 문화와 역사를 함께 배우는 것이다. 외국의 언어를 배움으로써 우리 사고의 지평은 그 언어만큼 넓어진다. 그 언어의 배경이 되는 역사를 알 수 있고, 그 나라의 문화를 이해하게 된다. 우리의 시야도 단순히 언어만 아는 것이 아니라 그 언어를 쓰는 나라만큼 넓어진다.

외국을 여행할 때 그 나라 언어로 간단한 의사소통을 한다면 여행의 재미가 한층 커질 것이다. 언어는 필요에 의하여 배우는 것이 제일 빠르다. 우리나라에 온 외국인들이 한국에 정착하기 위해서 한국어를 빨리 배우는 것을 보면 놀랍기만 하다.

물론 외국어를 배우는 것은 쉽지 않다. 배우기도 어렵거니와 사용하지 않으면 금방 잊어버리는 것이 언어이기 때문이다. 그러나 말하기에 비해 듣기 실력은 생각보다 오래가니 시작도 전에 낙심하지 말자. 몇 가지 추천하고픈 외국어는 영어, 프랑스어, 중국어, 스페인어, 러시아어 등이다. 세계인이 가장 많이 쓰는 언어이므로 배워두면 유용하다.

우리는 중고등학교를 통해 영어를 6년 이상 배우지만 여전히 외국인 앞에서는 입을 열지 못한다. 영어를 다시 익히고 싶다면 중고등학교 교과서를 이용해 처음부터 들여다보거나 토익과 토플을 위주로 가르치는 학원에 다니는 방법이 있다. 재미난 영어 소설이나 잡지를 사전 찾아가며 읽는 방법도 있다.

우리가 학창 시절에 배운 영어는 주로 문법과 독해력 위주였다. 그러나 언어에서 가장 첫 번째 기능은 의사소통이다. 아무리 영어 공부를 한 지 오래되었어도 아는 단어만 가지고 자신 있게 말한다면 뜻은 통하게 되어 있다. 외국어를 배울 때 가장 바람직한 자세는 두려워하지 말고 말하는 배짱이다. 여유가 있다면 영어권의 나라에 가서 일정 기간 랭귀지 스쿨에 다니는 것을 추천하고 싶다. 영어도 배우고 여행도 하고 일석이조다. 비용이 걱정이라면 미국보다 물가가 저렴한 영어권 국가 필리핀을 추천한다. 지중해 국가 중에는 치안이 좋고 물가도 싼 몰타가 새롭게 부상하고 있다.

프랑스어는 고등학교 때 제2외국어로 가장 많이 배웠던 언어다. 발음이 아름다운 언어이므로 외국에서는 사교용으로 많이 쓰인다고 한다. 17세기에서부터 20세기에 걸쳐 식민지 시절에 아프리카를 비롯해 남북 아메리카, 폴리네시아 등에 전파되었다. 프랑스어를 배우는 가장 낭만적인 방법은 상송을 외우면서 배우는 것이다.

프랑스어를 처음 공부할 때 부딪치는 어려움은 명사의 성과 동사 변화다. 프랑스어는 명사에 성이 있어 모든 명사의 암수가 구분되기에 이에 따라 관사나 형용사의 형태까지 굴절하는 특징이 있다. 동사 변화는 영어에도 존재하지만 프랑스어의 동사 변화는 훨씬 더 다양하므로 모든 기초를 튼튼히 하기 위해서는 이 부분을 먼저 정복해야 한다.

한국 사람이 중국어와 일본어를 배우는 데 걸리는 시간은 영어를 배우는 데 드는 시간의 4분의 1 정도라고 한다. 그 이유는 발음 자체가 유사성이 높고 같은 한자 문화권이라서 그렇다. 그러나 중국어의 최대 난관은 성조다. 중국어는 자음 형태의 성모와 모음 형태의 운모, 음을 구성하는 성조로 되어 있는데 이 가운데 성조는 글자의 뜻을 제시하므로 가장 중요하다.

영어를 배울 때도 기호를 보면서 발음을 익히듯이 중국어 발음 또한 처음에 성조에 따른 발음법을 완전히 익히고 시작하는 것이 중국어를 제대로 배우는 첫 단계다. 중국어에서는 발음이 같아도 성조가 달라지면 뜻이 완전히 변하기 때문이다. 또 하나 중국어의 특징은 동사 변화가 없다는 것이다. 한자를 배운 우리는 급하면 필담으로 통하면 된다.

서반아어라고도 부르는 스페인어는 남미를 비롯한 많은 나라에서 쓴다. 15~19세기 스페인제국의 확장과 함께 남아메리카 대륙에 널리 퍼졌으며, 아프리카 및 아시아 태평양 지역에도 상당한 영향을 주었다. 스페인어는 현재 포르투갈, 브라질을 제외한 라틴아메리카, 미국, 적도 기니, 필리핀, 서사하라 등의 지역에서 사용되고 있다.

스페인어는 오늘날 전 세계에서 약 4억 5200만 명이 모국어로 사용하고 있으며, 이는 중국어 다음으로 많은 숫자다. 스페인어 사용 인구가 가장 많은 나라는 멕시코다. 스페인어는 국제연합(UN)의 여섯 개 공식 언어 중 하나이기도 하다. 또 전 세계의 언어 가운데 가장 빠른 속도로 확산하는 언어이기도 하다. 미국 대부분의 학교들은 스페인어를 제2외국어로 배우고 있다.

러시아는 알파벳과 비슷한 키릴문자를 쓴다. 키릴문자의 기원에 대해서는 로마에서 배를 타고 러시아로 가던 중에 배가 뒤집혀 알파벳이 뒤집어진 모양의 키릴문자가 전해졌다는 재미있는 설이 전해진다. 러시아어는 모르더라도 키릴문자의 발음을 배우면 간판이나 웬만한 글은 읽을 수 있다.

나도 1년 정도 러시아 선생님에게 문법과 발음을 배워봤지만 지금도 러시아어는 여전히 어렵다. 처음 러시아어를 들었을 땐 딱딱하고 거친 발음 때문에 상대방과 싸우는 소리로 알아들었다. 러시아어는 글자도 생소하고 발음도 어려워 자주 쓰는 문장 100개 정도를 수첩에 적어서 외우고 다녔다. 학문적인 목적이 아니고 여행이나 짧은 동안 머문다면 권하고 싶은 방법이다.

　러시아는 우리나라의 170배 크기로 미국보다 국토 면적이 2배나 크지만 사투리가 없다. 이는 정책적인 요인이 크며, 이로 인해 상트페테르부르크부터 캄차카반도에 이르기까지 광대한 거리임에도 거의 모든 곳에서 쓰고 말하는 방식이 같다.

삶을 한 차원 업그레이드시켜주는 악기를 배우자

악기를 연주할 수 있으면 삶이 즐거워진다. 어려서 배울 기회가 없었다면 은퇴 후 취미생활로 하나쯤 배워보자. 재능이 있고 없고를 떠나서 배우는 즐거움을 느낄 수 있고 연주하는 즐거움도 누릴 수 있다. 가끔씩 남들 앞에서 멋지게 폼 잡고 연주한다면 더할 나위 없는 추억이 될 것이다.

나이 들어서 음악을 새로 배우려면 젊었을 때보다 숙달되기까지 시간이 오래 걸린다. 하지만 새로운 도전에 대한 호기심은 언제든 삶의 활력소가 된다. 음악을 곁에 두면 생각도 훨씬 젊어지는 것을 느낄 것이다. 우리는 음악성이 뛰어난 천재는 아니므로 시간을 가지고 꾸준히 연습하는 과정을 즐긴다는 마음으로 하면 된다.

얼마 전 그룹 퀸의 보컬 프레디 머큐리를 재조명한 영화 〈보헤미안 랩소디〉가 중장년층에게 크게 히트를 치면서, 낙원상가 악기 매출이 올랐다는 신문 기사를 보았다. 퇴직 후 시간적 여유가 있으니 악기 연주를 배우려고 하는 사람이 많아졌다는 증거다. 악기에 관심이 있다면 예전 추억을 떠올리며 지금이라도 시작해보자. 조급증을 낼 필요는 없다.

요즘 주로 많이 연주하는 것이 색소폰이나 통기타인데, 기왕 배운다면 남들 안 하는 독특한 악기를 배워보라고 권하고 싶다. 색소폰은 아주 매력적인 악기이지만 숙달에 시간이 오래 걸리고 너무 많은 사람들이 연주하므로 웬만해선 연주 실력을 뽐내기 어렵다. 따라서 오카리나, 드럼, 하모니카, 피아노 등을 추천한다.

개성에 따라 입맛대로 고른다

오카리나는 손에 쥐기 쉬운 작은 악기로 음색이 곱고 선율이 아름답다. 오카리나라는 말은 작은 거위를 뜻하는데 악기 모양이 조그만 새를 연상시킨다. 알토용과 소프라노용이 있으며 흙으로 도자기 빚듯이 작게 빚어 휴대하기도 좋고 마술 같은 청아한 자연의 소리를 낸다. 리코더와 마찬가지로 구멍을 막는 운지법으로 소리를 낸다.

오카리나는 여행 다닐 때 배낭에 넣어 다니기도 좋고 모양도 예쁜 데다 가격도 저렴한 편이라 적극 권하는 바다. 내가 오카리나를 알게 된 것은 1986년 NHK 특집 다큐멘터리 〈대황하〉의 아름다운 배경 음악을 통해서다. 일본의 노무라 소지로가 연주한 오카리나 선율이 대황하의 거친 물결을 배경으로 매우 인상 깊게 남았던 기억이 있다. 내가 아는 분도 이 악기로 뉴욕 카네기홀에서 연주하여 관객의 큰 호평을 받기도 했다.

그다음으로 재미있는 악기가 드럼이다. 내 딸도 수능시험 치르고 이후 6개월간 학원에서 드럼을 배우고 대학 그룹사운드에서 활동하며 재미난 학창 시절을 보냈다. 요즘은 라이브 카페에도 웬만하면 드럼이 갖춰져 있다. 신나게 두드리면서 스트레스 풀기도 좋고, 친구들과 노래할 때 드럼 스틱을 잡고 멋지게 두드려주면 더욱 좋다.

드럼은 북과 심벌 등 종류도 많고 부피도 커서 집에 설치하기는 쉽지 않지만, 낙원 악기상가에 가면 전자드럼을 판매한다. 조그만 고무 패드로 만들어졌는데 두드리면 센서가 부착되어 있어서 다양한 드럼 소리가 난다. 베이스드럼, 톰톰, 스네어, 심벌 등을 준비하면 된다. 이 전자드럼을 집에 사놓고 헤드폰이나 오디오에 연결해서 들을 수 있다. 부피도 작아서 연습하기도 좋다.

하모니카는 어렸을 때 누구나 한 번쯤은 불어본 친숙한 악기다. 작아서 휴대하기도 간편하고 배우기도 쉽다. 종류만도 여러 가지인데 가장 일반적이고 배우기 쉬운 것이 '트레몰로 하모니카'다. 들숨과 날숨만으로도 풍부한 소리가 난다. 보통 21홀짜리 하모니카를 구입해서 시작하면 된다. 요즘은 구청이나 동사무소 등에서 무료 강습 프로그램을 많이 해주니 그곳에서 기초를 배우면 좋다. 어느 정도 숙달되면 각 음계별로 하모니카를 구입해서 다양한 음악을 연주할 수 있다.

뭐니 뭐니 해도 악기의 기본은 역시 피아노다. 내가 강력하게 권하고 싶은 악기도 바로 피아노다. 어렸을 때 바이엘이나 체르니, 소나티네를 연주한 경험이 있다면, 피아노 명곡집에 나오는 〈엘리제를 위하여〉, 〈소녀의 기도〉, 〈젓가락 행진곡〉, 〈아드린느를 위한 발라드〉 정도는 꽤 근사하게 칠 수 있다. 시중에는 명곡을 쉽게 편곡해놓은 악보집이 많이 나와 있다. 자신의 수준에 맞는 악보를 골라 한두 달 집중적으로 몇 곡씩 연습해서 칠 수 있는 곡을 점차 늘리자.

노래에 소질이 있다면 피아노로 코드를 짚어가며 흘러간 팝송을 불러도 좋다. 동창회나 모임에서 직접 피아노를 치며 노래한다면 그날의 최고 인기상은 당신 차지가 될 것이다. 피아노야말로 모든 악기의 출발점이자 기본이다. 악기점에 가면 집에서 간편하게 연습할 수 있는 작은 전자 피아노도 많이 나와 있으니 본인 형편에 맞는 것을 선택하면 된다.

연주하면 똑똑해진다

나도 음악에 소질은 없지만 40여 년간 친구들과 함께 밴드 음악을 하고 있다. 가슴으로 느끼는 베이스기타의 묵직한 저음에 끌려서 요즘도 한 달에 한 번 베이스기타 연주를 한다. 아마추어지만 음반도 2집까지 냈고 노래방 기계에도 등록되어 있다. 그보다 중요한 건 한 달에 한 번 음악 연습하러 친구들을 만날 때가 즐겁고 기다려진다는 것이다. 같이 음악을 맞추어보는 합주나 연주도 좋지만, 공연 후 친구들과 음악 이야기를 하며 술 한잔 기울이는 것은 최고의 기쁨이다. 연말에는 공연 기회가 많아서 자주 만나는데, 얼마 전 우리 팀 막내의 환갑 기념 축하 공연이 있었다. 이대로 쭉 같이 늙어가며 오래도록 음악을 즐기고 싶다.

악기 연주를 배워서 남들과 협연하려면 음악 동아리 카페에 가입하면 된다. 이곳에선 공연 정보도 있지만 같이 연주할 합주자를 찾는 경우도 많다. 대부분 아마추어이므로 실력은 큰 문제가 되지 않는다. 같은 취미를 가진 사람들끼리 서로 어울려서 음악 이야기도 하고 실력이 맞으면 합주나 공연의 기회도 많다.

악기를 연주하는 것은 단순히 음악을 듣는 것과는 큰 차이가 있다. 우리 몸은 음악을 연주하고 있을 때 마치 전신운동을 하는 것처럼 두뇌의 모든 부분이 한꺼번에 움직인다. 그 때문에 뇌가 골고루 발달할 수 있다. 실제로 음악가들은 기억력, 창의력 등 많은 부분에서 일반인보다 뛰어나다고 한다. 또한 신경과학자들의 말을 빌리면, 어린 시절 악기를 배우면 수학적 문제 해결 능력이 향상된다고 한다.

최근엔 음악을 가까이 하는 것이 성인의 두뇌에도 긍정적인 영향을 미친다는 사실이 확인되었다. 캔자스 대학의 연구팀이 60~83세의 건강한 노인들을 상대로 악기를 배우면 어떤 변화가 있는지 실험해봤다. 연구팀은 음악적 경험 수준에 따라 이들을 두 그룹으로 나눴다. 그리고 이들의 인지 능력을 테스트했는데, 악기 연주를 잘한 이들이 악기를 배워본 적이 없거나 악보를 보는 법을 배우지 못한 이들보다 인지 능력에서 더 좋은 점수를 기록했다. 연구팀은 노래를 배우거나 악기를 연주하면 좌뇌와 우뇌 간의 신경세포 연결이 촉진된다는 연구 결과를 발표했다.

음악과 관련된 활동은 일종의 '인지 운동' 역할을 함으로써 두뇌를 더욱 건강하고 튼튼하게 해주며 노화를 막아준다. 캔자스 팀의 연구 결과도 나이가 들어서도 오랜 시간에 걸쳐 악기를 배우고 연주하면 두뇌에

| 40여 년간 나와 같이 합주해오고 있는 밴드 멤버들. 이 사진은 두 번째 앨범 재킷 커버로 썼다.

| 2017년 ROCK CAMP에서 친구의 회갑을 기념하며 공연했다.

서 노화로 인한 인지 능력의 퇴화를 상쇄해주는 효과가 나타난다고 보고하고 있다.

나이 들어서 가장 무섭게 느껴지는 병이 바로 치매다. 노래를 하고 악기를 연주하면서 뇌를 많이 쓰면 그만큼 뇌 기능이 향상되므로 좋고, 전후좌우로 뇌를 골고루 훈련해야 하는 치매 예방법으로 제격이다.

혼자 외롭게 지내지 말고 악기를 연주하면서 다양한 사람을 만나 음악을 즐기자. 몸도 마음도 뇌도 다 같이 젊어질 것이다. 악기 연주 실력이 어느 정도 경지에 도달하면 인생에서 그 어떤 것과도 바꿀 수 없는 큰 기쁨과 행복감을 맛볼 수 있다. 악기 자체가 인생의 좋은 친구가 되어줄 수 있고, 실력이 조금씩 향상될 때마다 느끼는 희열은 최고의 기쁨을 선사한다.

그림, 서예, 사진으로
작품 세계를 만들다

능동적인 시니어는 액티브한 성향과 마일드한 성향을 동시에 갖출 때 성품이 더 돋보인다. 외향적이며 육체적인 레포츠를 즐기면서도 내향적이고 정신적인 취미생활을 함께할 때 내공도 깊어지고 인생의 깊은 맛도 느낄 수 있다.

육체와 균형을 맞출 정신적 활동으로 그림 그리기, 서예, 사진 찍기를 추천한다. 이러한 정신적인 활동은 취미생활을 넘어 예술에 가까우므로 우리의 여생을 매우 격조 있게 가꾸어주며 인생을 한 차원 높은 단계로 끌어 올려준다.

보이는 대로 그린다

그림 그리기는 인류의 가장 오래된 취미생활이다. 알타미라 동굴벽화나 라스코 동굴벽화 같은 후기 구석기 시대의 그림에서 알 수 있듯이 그림은 아주 오래전부터 인간에게 내재되어온 자연스러운 본능이다. 어린아이들에게 펜을 쥐어주면 벽지이건 바닥이건 낙서를 하는 모습을 볼 수 있다. 그리는 행위는 아이가 말하고 뛰어다니듯이 자연스런 행동이다. 어른의 눈에는 낙서로 보이지만 아이에게는 자기표현의 행위이고 예술인 셈이다. 그린다는 것은 '본다'는 행위에 집중하는 시간이다. 그래서 그림을 그릴수록 사물을 보는 눈이 정확해진다.

| 친구가 그려준 연필 크로키.

동창 중에 이충근이라는 친구가 있다. 학교 다닐 때는 몰랐는데 요즘은 연필로 단시간에 대상의 특징을 잡아 그리는 크로키를 한다. 그래서 연필로 내 초상화를 그려 달라고 부탁했다. 연필로 짧은 시간에 그렸지만 나의 특징을 잘 잡아 그려주어서 액자에 넣어 기념으로 잘 보관하고 있다. 그 친구의 말을 빌리면 예술은 그냥 좋아서 하는 것이다. 그림은 행위에 대한 보상보다는 순수한 취미생활인 것이다.

학창 시절 미술 시간을 떠올리면 제

일 먼지 수채화가 생각난다. 준비물을 준비하고 옆구리에 화판을 끼고 등교하던 생각과 손과 옷에 물감을 묻히고 다녔던 기억이 있다. 우리나라 항공기 발전에 큰 기여를 했고 지금도 후학을 가르치는 조형식 박사는 지금도 시간이 나면 수채화로 정물을 그리곤 하는데 작품이 수준급이다. 언젠가 조 박사에게 그림 잘 그리는 방법을 물어봤더니 첫마디가 그림을 쉽게 생각하고 접근하는 것이라고 했다.

외국에서는 사람들끼리 삼삼오오 모여서 그림을 그리는 '어반스케치(urban sketch)' 활동이 유행인데 간단한 도구로 과장되지 않은, 보이는 그대로 팩트를 그린다. 사진은 누가 찍어도 똑같지만 그림은 다 다르기 때문에 더 사실적이다. 조 박사는 학창 시절부터 호기심을 갖고 사물을 보는 습관이 있었는데, 그림을 그리면서 사물을 관찰하는 능력이 생기고, 빛의 각도라든가 그림자의 형상 등을 자세히 보게 되고 사물을 깊이 있게 생각하는 시간이 길어졌단다. 특히 기억 능력을 향상시키므로 치매 예방에도 좋다고 한다.

그림 그리기는 종이와 펜만 있으면 시작할 수 있는데 간혹 처음부터 고가의 장비를 사는 경우가 있다. 고가의 도구가 실력을 향상시켜주는 것은 아니다. 요즘은 유튜브에 그림 그리는 방법이 많이 나와 있어서 누구나 쉽게 배울 수 있는 길이 열렸다.

빛과 시간이 빚어낸 예술

요즘처럼 사진 찍기 좋은 시대가 없었다. 스마트폰이나 디지털 카메라로 쉽게 찍어서 컴퓨터나 각종 저장 매체에 쉽게 보관할 수 있고, 편집도 가능하다. 아무나 손쉽게 찍고 기계가 알아서 최적의 조건을 만들어주기 때문에 선명하고 깨끗한 이미지를 얻을 수 있지만, 반면에 자신만의 개성은 없다. 마음대로 저장과 전송이 가능하기 때문에 편리하지만 오히려 사진의 중요성은 망각하게 된다. 예전처럼 필름을 현상하고 인화하는 과정이 없으므로 사진을 앨범에 보관하고 추억을 생각하며 찾아볼 기회를 잃었다. 실수로 소중하게 찍은 데이터를 한방에 날려버릴 수도 있다.

본격적인 사진 취미를 시작하려면 예전처럼 필름 카메라에 각종 렌즈를 갖출 필요는 없지만, 사진을 즐기려면 수동 모드가 가능한 디지털 카메라를 구입하는 게 좋다. 예전 사진 동호회를 따라다니며 사진을 배울 때의 일이다. 지도교수님은 '사진은 손이 아니라 발로 찍어야 한다'고 하셨다. 많이 돌아다녀보고 많이 찍어보고 사물에 접근하며 찍으라는 이야기다. 좋은 풍경 사진을 찍으려면 많이 돌아다녀야 한다.

사진은 빛의 예술이다. 광선에 따라 영상의 조화가 무궁무진하므로 한낮에만 찍지 말고 아침이나 저녁, 비온 뒤 멋진 사진을 찍을 확률이 높다. 활동 반경이 줄어드는 사람들에게 사진은 길 떠날 이유를 제공해 준다. 또 사물을 새로운 시각으로 보면서 남들이 보지 못한 새로운 아름다움을 찾는 것도 큰 즐거움이다.

찍은 사진은 저장 매체에만 보관하지 말고 주제별로 잡지처럼 책을 만들어 보관하면 좋다. 데이터만 메일로 보내주면 사진첩으로 만들어주는 업체가 많이 있다.

블로그 활동을 한다면 본인이 찍은 사진을 글과 함께 올리면 훌륭한

| 사진은 렌즈를 통해 다른 세상을 보여준다.

취미생활이 된다. 요즘은 인스타그램이나 페이스북에 사진만 전문으로 올리는 사람도 많다. 나만의 개성을 살려서 이야기를 가진 사진을 찍어보자. 꽃, 산, 나무 등 일정한 사물만 찍을 수도 있고, 컬러가 아닌 흑백으로만 찍는 것도 좋다. 남과 다른 나만의 개성으로 찍어보자.

"글씨를 좀 씁니다"

서예는 글자에 아름다움과 생명력을 넣는 예술이다. 펜보다 컴퓨터 키보드를 사용하고 손편지보다 이메일을 주로 쓰면서 글씨 쓰는 기회가 자꾸 줄어든다. 그래서 안 그래도 못 쓰는 글씨가 자꾸 더 악필이 되어간다. 중국 당나라 때에는 관리를 고르는 네 가지 표준을 '신언서판(身言書判)'에 두었다. 사람의 됨됨이를 볼 때 용모, 말씨, 판단력과 함께 글씨체도 보았던 것이다. 이는 옛 사람에게만 해당하지 않는다. 요즘도 필체와 필력을 보면 그 사람의 지식과 인물 됨됨이를 조금은 짐작할 수 있다.

주변에 글씨를 잘 쓰는 사람들이 몇 명 있는데 그들의 글씨가 참 부럽다. 입춘이 되면 멋진 한자체인 전서로 입춘첩(立春帖)을 보내주는 친구도 있고, 좋은 글귀를 멋진 붓글씨로 써서 액자에 담아 보내주는 누님도 계시다. 어디 가서 "글씨를 좀 씁니다"라고 말할 정도면 최소 10년은 써야 한다지만, 지금이라도 서예를 시작하기에 늦지 않았다고 생각한다.

글씨 쓰는 방법은 여러 가지가 있는데 서예는 그중에 붓을 사용하는 고전적인 방법이다. 한글 서예와 한자 서예가 있는데, 한글 서예도 한자와는 또 다른 매력이 있다. 배우기 쉽고 그림과도 잘 어울리는, 손으로 그리는 그림문자인 한글 캘리그라피(calligraphy)는 서예와 그림도 함께 배울 수 있어서 요즘 유행이다.

서예를 시작하려면 문방사우인 붓, 먹, 종이, 벼루를 준비해야 한다. 요즘은 먹을 갈아서 팔기도 하지만 직접 벼루에 먹을 갈 때 나는 은은한 먹향이 마음을 차분하게 해주며 느림의 미학을 배울 수도 있다. 글씨를 쓰는 순간만은 온몸과 마음을 집중해서 혼자만의 시간을 누리며 마음의 평화를 얻는다. 하얀 화선지에 검은색 먹으로 하나 둘 쓰이는 글자에서 여백의 미를 느끼고 마음의 여유도 찾는다. 잘 쓴 글씨는 가까운 사람들에게 뜻 깊은 선물로 나누어줄 수 있다.

서예를 처음 배울 때는 지방자치단체에서 무료 강습하는 곳이 많이 있으니 간단한 준비물만 챙겨가서 배우면 된다. 어느 정도 실력이 쌓이면 사군자나 수묵화에도 도전해 개인전을 여는 꿈을 꾸어도 좋다. 안 되는 것은 없다. 도전해서 집중하고 꿈을 이루자.

무선사가 되어
전 세계인과 소통하자

"CQ CQ from HL1OIR, Hotel Lima One Oscar India Romio(시큐 시큐 프롬 에이치엘원 오아이알, 호텔 리마 원 오스카 인디아 로미오)."

아마추어 무선사가 불특정 다수를 호출할 때 쓰는 말이다. CQ는 come quickly라는 뜻이며 HL은 대한민국, 1은 서울, OIR은 개인 코드다.

요즈음은 모두들 스마트폰을 가지고 있어서 아마추어 무선의 장점이 많이 퇴색되었으나 몇 해 전까지만 해도 아마추어 무선은 실생활에도 유용한 재미난 취미생활이었다. 일명 햄(HAM)이라고도 불리는 아마추어 무선의 세계에 대하여 알아보자.

아마추어 무선의 역사

20세기 초 무선통신이 발달하자, 이에 관심이 있는 사람들이 송신기와 수신기를 만들어 무선통신을 서로 주고받기 시작했다. 초기에는 장파 주파수를 주로 사용했으나 1912년 미국에서 세계 최초로 전파법을 제정한 후에는 단파, 초단파 주파수를 주로 쓰기 시작했다.

그러나 제1차 세계대전이 일어나면서 개인적인 무선통신은 금지되었고, 많은 아마추어 무선사들은 군에서 무선통신을 담당하게 되었다. 전쟁 이후, 1923년 단파대에서 유럽과 미국을 잇는 장거리 교신에 성공하고 이후에 이 주파수대를 활용하여 중계기 없이 전 세계와 연결할 수 있는 기술을 개발하게 되었다.

전쟁이 끝나자 각국에서는 아마추어 무선 활동이 재개되었다. 우리나라에서는 일제 침탈기인 1937년에 몇몇 한국인이 시작했으며, 한국전쟁 중에는 주한미군에 의해 한국에서 아마추어 무선활동이 일어났다. 당시 무선통신을 하는 사람은 간첩이라는 잘못된 인식이 있어 대한민국에 아마추어 무선이 생기는 데 많은 어려움이 있었다. 그러나 1955년 한국 아마추어 무선연맹(KARL, Korean Amateur Radio League)이 창립되고 1959년 7월에 서울대학교 문리과대학에 실험무선국 HL2AA의 호출부호가 생기면서 국내 최초 아마추어 무선국이 허가되었다.

전파법규에 명시하고 있는 아마추어 무선 업무란, 금전상의 이익을 위하지 아니하고 개인적인 무선 기술의 흥미를 위해 행하는 자기훈련 통신과 기술적 연구의 업무라고 규정되어 있다. 즉 아마추어 무선이란 무선통신에 흥미를 느낀 사람이 정부로부터 정당하게 허가받아 무선

설비를 갖춘 뒤 같은 취미를 가진 전 세계인을 대상으로 전파를 통한 개인적인 실험을 하고 기술을 연마하는 활동을 의미한다. 아마추어 무선통신은 무선 기술의 발달을 촉진하여 단파에 의한 원거리 통신의 개발, 비상 재해 시의 통신, 남극 기지와의 통신 등에 활용되었고, 1986년 아시안게임과 1988년 서울올림픽 때에는 이동무선국을 개설, 운영하여 대회의 성공에 기여하기도 했다. 남극 세종기지에도 아마추어 무선 기지가 있어서 교신이 가능하며, 지구를 벗어나 우주에서도 가능하다.

아마추어 무선사들이 자유롭게 교신할 수 있는 대표적인 곳은 국제우주정거장으로, 시간과 주파수만 맞추면 핸디 무전기로 언제나 국제우주정거장의 우주인들과 교신할 수 있다. 우주인 이소연이 아마추어 무선 교신을 하기도 했다. 전 세계 사람들과의 아마추어 무선 교신은 국제우주정거장 우주인들의 평상시 활동 중 하나다.

내가 아마추어 무선을 하는 이유

요즘처럼 스마트폰을 통한 개인 통신 수단이 발달한 시기에 왜 굳이 어려운 아마추어 무선 통신을 하는 것일까? 내가 찾은 이유는 이렇다.

첫째, 개인 방송국이라는 것이다. 전화기를 개통하면 전화번호가 생기지만, 아마추어 무선을 하면 본인의 콜사인(call sign)으로 전파를 송출할 수 있는 개인 방송국이 생긴다. 우리나라 KBS 방송국의 콜사인이 HLKA이듯이 내 개인 방송국의 콜사인은 HL1OIR이다. 전화번호는 바뀌고 없어질 수도 있지만, 한 번 부여받은 콜사인은 내가 죽더라도 영원히 남는다.

둘째, 국가의 재난이나 비상시에 일반 통신은 두절될 수 있지만, 아마추어 무선사의 통신은 송수신기만 있으면 언제, 어디서든지 전 세계와 교신이 가능하다. 그래서 비상시에는 인명구조나 재난 구호에 많은 도움이 된다. 재난 영화나 공상과학 영화를 보면 아마추어 무선이 빛을 발할 때가 종종 나온다.

셋째, 전파는 장벽이 없으므로 국내뿐만 아니라 해외에 있는 사람과도 교신할 수 있어서 같은 취미를 가진 해외 아마추어 무선사들을 친구로 만들 수 있고, 전 세계 만국 공통어인 영어 공부에도 도움이 된다.

교신을 하고 나면 서로 간 교신에 응해줘서 고맙다는 증표로 자기 나름대로 만든 QSL(교신증명) 카드를 보내고 받는데, 이는 HAM에서 통용되는 일종의 예의에 속한다. 카드의 크기는 우편엽서 크기 정도가 적당하며, 개인의 독특한 이미지를 부각시키거나 자기 나라를 소개하는 풍속이나 풍물 등을 인쇄하기도 한다. QSL 카드를 수집하는 것은 아마추어 무선의 또 다른 재미로서, 세계의 풍물을 접할 수 있는 기회가 된다. 상호 QSL 카드를 우편으로 교환하여 카드를 수집하는 재미도 있고, 자신이 스스로 만든 안테나와 송신기로 전 세계에 어느 정도의 강도와 감도로 전파를 발송하고 있는지를 확인하는 재미도 있다.

넷째, 등산이나 동호회 활동에 쓰이는 소형 무전기는 허가가 필요 없는 저출력 무전기이지만, 아마추어 무선국 허가를 받으면 고출력 무전기를 사용할 수 있어서 설악산 대청봉에서 서울을 비롯한 전국에 무선통신이 가능하다. 차량에도 설치할 수 있으므로 비상시에도 유용한 통신 수단이 된다. 패러글라이딩, 경비행기 등 항공 스포츠에서 반드시 필요한 통신수단이다.

다섯째, 손재주가 있고 전자기기에 흥미가 있는 사람이라면 집에 훌륭한 방송국을 만들 수 있다. 지붕에 커다란 단파 안테나를 직접 제작해서 설치하고 본인 취향에 맞게 송수신기와 주변 기기를 설치하기만하면 된다. 자기만의 방송국에서 전파 송출 감도를 시험하고 향상 시키는 재미는 무엇과도 비교할 수 없다. 실제로 무선통신 발달에 전 세계 아마추어 무선사들의 기여도가 컸다.

아마추어 무선사가 되는 길

우리나라에서 아마추어 무선을 하려면 정부에서 실시하는 3급 아마추어 무선기사 자격시험에 합격해야 하고 허가된 송수신기를 이용하여 개국 검사를 받아야 한다. 교신 중에는 정치와 종교에 대한 이야기는 금지되어 있고, 금전적인 이득을 취해서도 안 되며, 남의 통신을 전달하는 행위도 금지되어 있다.

예전에는 집에서 단파 방송을 수신하고 무전기를 소지하면 간첩이나 수상한 사람으로 오해받거나 또는 거꾸로 힘 있는 기관원으로 오해받는 경우가 종종 있었다. 지금은 아마추어무선연맹을 통한 동호회 활동을 하며 매달 정크 시장을 열어 무선 장비들을 사고팔기도 하고, 무선으로 교신만 하던 사람들을 실제로 만나 정담을 나누기도 한다. 다양한 통신수단의 발달로 예전처럼 활동이 활발하지는 못하지만 아마추어 무선의 독특한 재미는 영원히 지속될 듯하다.

평시에는 개인적 취미생활로 즐기지만 비상시에는 국가와 사회를 위

| 외국과 교신할 때 쓰는 단파 송수신기.

| 국내 교신용 송수신기.

한 많은 봉사활동을 할 수 있는 아마추어 무선사의 세계에 빠져보는 것은 어떨까? 무엇보다 자신이 보내는 미약한 전파를 지구 반대편에서 모르는 사람이 듣고 찾는다니 이보다 더 신기하고 가슴 벅찬 체험은 없다.

명상과 참선,
요가로 정신을 가다듬다

　건전한 육체에 건정한 정신이 깃든다는 말이 있듯이, 육체와 정신은 둘이 아니라 하나다. 육체에 대해서는 의학적으로 알려진 사실들이 많이 있으나, 정신은 여전히 미지의 세계로 남아 있다. 인간의 정신은 크게 의식과 무의식의 세계로 나누어진다. 무의식을 보통 잠재의식이라고도 부르는데, 엄밀한 의미에서 이 둘은 차이가 있다. 의식이 빙산의 윗부분이라면 잠재의식은 빙산의 아랫부분으로서, 우리 정신의 대부분을 차지하며 여전히 베일에 싸여 있다. 만일 우리 잠재의식의 일부라도 실생활에 활용할 수 있다면 우리는 유의미한 변화를 맞이할 수 있으리라.

　한때 단전호흡이 유행한 시절이 있었다. 단전호흡을 가르치는 곳도 많았고 참선과 명상을 하는 사람도 많았다. 김정빈 작가의 소설 《단》도 이런 유행에 힘입어 당시 베스트셀러에 오른 기억이 있다. 나 역시 《단》을 읽고 단전호흡을 더 배우고자 서점에서 관련 서적을 찾았다. 그러던 중에 단군 이전의 역사를 기록한 소설 《한단고기》와 《다물》을 쓴 김태영 선생님을 알게 되었다. 김태영 선생님은 단학 수련을 하면서 일어나는 경이적인 몸과 마음의 변화를 소설로 쓰고 계셨다. 매주 선생님 댁을 방문하여 단전호흡을 익히고, 단군 이전의 역사에 대하여 배웠다.

어느 정도 수련한 다음 김태영 선생님의 소개로 관악산 밑에서 생식을 하며 수련 중인 김춘식 원장님을 알게 되었다. 김 원장님은 우리나라에 생식을 처음으로 소개한 분으로, 모든 곡식을 직접 갈아서 먹어본 경험에 따라 생식법을 개발하고 계셨다. 동양철학과 황제내경에 기반하여 생식을 생활화하고 지내셨으며, 생식을 통하여 모든 질병을 치료할 수 있다는 《오행생식》을 펴내기도 했다. 오행생식의 기본 원리는 자신의 몸을 정확히 진맥하여 체질에 맞는 생식을 함으로써 곡식의 살아 있는 기운을 섭취하는 것이다.

나는 두 분의 도움으로 호흡과 생식을 통하여 깊은 정신세계에 입문하게 되었다. 특히 잠재의식과 우리 몸의 변화에 관해서는 평소에도 많은 관심이 있어서 퇴직 후에 본격적인 공부를 하였다. 여기서는 정신적인 활동인 명상과 참선을 소개하고자 한다.

명상으로 우주의 진동수와 공명한다

조용한 환경에서 어떤 자세라도 좋으니 가장 편안한 자세로 앉아서 등을 곧게 펴고 어깨를 이완시키며 심호흡한다. 호흡에 따라 몸이 자연스럽게 이완되고 있다는 생각을 한다.

호흡은 자연스럽게 하며, 인위적으로 호흡을 통제하지 않는다. 의도적으로 호흡을 통제하지 않아도 마음이 안정되고, 마음이 안정되면 호흡이 안정된다. 이때 여러 가지 생각이 들 수 있는데 신경 쓰지 말고 그냥 의식의 흐름에 맡겨둔다. 특정한 화두를 정해서 명상할 수도 있고, 자기 몸의 한곳을 마음의 눈으로 바라보며 명상할 수도 있다. 명상하는 동안 뇌의 왼쪽 전두엽이 활성화되고 또한 스트레스가 해소된다.

사람의 머리에서는 일정한 뇌파가 나오는데 이 뇌파는 심신 상태에 따라 알파파, 베타파, 세타파 등으로 나눈다. 명상할 때는 두뇌에서 가장 안정적인 세타파가 나온다. 참선할 때나 최면 상태일 때도 우리 뇌에서는 세타파가 나오는데 이때의 진동수는 4~7헤르츠다. 우주에도 고유 진동수가 있는데 약 5~7헤르츠다. 지구의 고유 진동수는 7.5헤르츠 정도다. 즉 명상 상태에서는 우주의 진동수와 같은 뇌파가 나오는 것이다. 세타파는 각성과 수면 사이의 주파수다. 세타파가 우세할 때 사람들은 깊은 통찰력을 경험하기도 하고 창의적인 생각이나 문제 해결 능력이 솟아나기도 한다.

명상할 때 우리 몸에는 몇 가지 변화가 일어난다. 뇌에서 세타파를 발생시켜 인지 기능을 높여주는 것 외에 신체적 실행 능력도 탁월하게 발휘할 수 있도록 해준다. 운동 경기에서 대기록을 수립한 사람들은 경기 도중 명상과 비슷한 무념무상의 상태에 이른다고 한다. 즉 세타파가 발생해 고통, 피로감, 실패에 대한 공포감 등 온갖 생각이 사라지고 최고 경지의 쾌감만이 뒤따른다고 한다.

몇 가지 연구에 따르면, 명상은 면역 기능도 강화시킨다. 가벼운 감기나 몸살은 명상으로 치유가 가능하다. 더 깊은 경지에 이르면 자신의 몸을 컨트롤하여 웬만한 질병은 자가 치유가 가능하다. 명상은 노화를 늦추는 효과도 있다. 명상 중에 인간의 노화에 영향을 미치는 텔로머라제(Telomerase) 유전자가 활성화되면 짧아진 텔로미어를 복구해 노화를 늦출 수 있다는 것이다.

명상을 통해서 느끼는 행복이란 객관적인 수치가 아니라 주관적으로 느끼는 만족감이다. 마음이 건강해지면 몸도 건강해진다. 또한 명상을 통해 나를 제대로 볼 수 있게 된다. 하루가 다르게 복잡해지는 현대사회에서 조용히 자기만의 시간을 가질 수 있는 명상은 누구나 간단히 해볼 수 있는 좋은 정신 수양법이다.

진리에 접근하는 길, 참선

명상과 참선은 근본 원리는 비슷하나 추구하는 바가 다르다. 명상 중에는 몸이 이완되는 경험을 하면서 수면 상태에 들어갈 수도 있다. 그러나 참선할 때에는 눈을 반쯤 뜨고 수면 상태로 들어가지 않도록 해야 한다. 명상은 개인 능력의 극대화, 건강, 정서적인 안정을 추구하며 명상을 통해 몸과 마음을 조화로운 상태로 만든다. 반면에 참선은 깨달음, 성찰을 추구하며 형식보다는 종교적 수행을 중요시한다. 참선 중에

| 수덕사 묵언수행.

는 진리에 접근하기 위한 능동적인 생각을 하며 화두에 집중한다.

'참선(參禪)'과 '선(禪)'은 거의 동일한 의미로 사용된다. 일상에서 참선이란 말은 궁극적인 진리를 탐구하는 종교적인 실천 수행을 의미한다. 참선은 수행을 목적으로 하므로 결가부좌나 반가부좌의 자세로 앉아서 한다. 처음엔 한 가지 자세로 오래 앉아 있기 힘드니 수시로 몸을 움직여 자세를 풀어준다. 양손은 둥그렇게 말아서 단전 아래에 가볍게 둔다. 명상과 마찬가지로 편안하고 깊은 복식호흡을 하면 된다. 참선 도중에 여러 가지 상념이 들 수 있으므로 자신의 들숨과 날숨을 바라보는 수식관이 참선의 기초다. 더 깊은 수행법은 종교의 범주에 속하므로 여기선 다루지 않겠다.

정신과 신체가 젊어지는 요가

요가는 명상, 호흡, 스트레칭 등이 결합된 복합적인 심신 수련 방법이다. 요가의 수련 목적은 바르게 생활하며 건전한 정신과 건강한 신체를 갖는 것이다. 또한 평소 안 쓰던 근육을 움직여서 육체를 강하게 하여 몸과 마음을 자연과 같이 조화롭게 만드는 것도 요가를 수련하는 또다른 목적이다. 요가는 특히 오늘날과 같이 인간의 생활이 복잡해지고 그에 따른 긴장과 스트레스가 심해지면서 이것을 풀 수 있는 좋은 심신 요법의 하나로 주목받고 있다.

요가는 그 자체로 주로 호흡과 근육의 유연성, 이완과 수축을 주로 훈련하기 때문에 장소 및 시간에 구애됨 없이 남녀노소 모두 편리하게 행할 수 있는 이점이 있다. 요가를 규칙적으로 실시하면 체력 증진은 물론 스트레스 해소, 체형 관리, 자세 교정에도 매우 효과를 볼 수 있다.

또한 요가 수행은 반드시 운동과 휴식을 병행해야 한다. 한 동작을 끝낼 때마다 휴식 자세를 취하여 에너지를 보충하고 신체를 이완해줘야 한다. 요가 동작은 글로 설명하기 어려우므로 동영상을 보거나 자격증을 가진 요가 지도사에게 정확한 동작과 호흡을 배우는 것이 좋다.

나이 들어서 요가를 하면 좋은 이유는 뻣뻣해지는 몸이 유연해져서 낙상을 방지할 수 있고, 몸의 통증을 줄여주는 효과가 있어서다. 또 잘 움직이지 않던 연골의 조인트를 풀어주어 몸의 자세가 바르게 것도 큰 장점이다. 요가의 자세는 혈액순환을 좋게 하여 세포에 산소량을 증가시켜 면역 체계를 강화하고, 몸 안의 독소를 제거하는 효과도 있다. 참선이나 명상과 같이 요가도 뇌의 활동을 도와서 집중력과 기억력이 좋아지며, 우울증을 없애준다.

글쓰기로 상처를
치유하라

　스마트폰과 컴퓨터가 일상화되면서 글을 쓸 기회가 많이 줄어들고 있다. 스마트폰으로 메시지를 주고받을 때도 긴 문장보다는 짧은 문장과 이모티콘으로 표현하는 일이 많다. 시니어들의 정신적인 취미활동으로 글쓰기를 꼭 추천하고 싶다. 머릿속 생각을 글로 표현하면 생각도 정리되고 마음도 차분해진다. 글은 생각을 담는 그릇이라고 한다. 자신의 생각을 담아서 누구에게 보낼 수도 있지만 기록으로 오래도록 남길 수 있다.

　평소에 글 쓰는 습관이 안 되어 있으면 막상 글을 쓰려 해도 막막해진다. 그러나 처음 시작이 어렵지, 막상 써보면 생각처럼 어렵지 않다. 왜냐하면 우리는 글을 써도 될 정도로 충분한 인생 경험을 쌓았기 때문이다. 어려운 글보다 솔직한 글을 쉬운 말로 써보자. 펜과 종이를 놓고 차를 마시며 차분히 써도 좋고, 컴퓨터의 자판을 두들기며 수시로 수정해가면서 글을 써도 좋다.

자신의 브랜딩을 위해 책을 쓰자

한 가지 분야에서 10년 이상 경험을 쌓으면 그 방면의 전문가가 될 수 있다. 1만 시간의 법칙에 따르면 운동이든 공부든 하루에 3시간씩 일주일에 20시간 동안 10년을 계속하면 그 방면의 전문가가 될 수 있다는 이야기다. 활동적이고 능동적인 시니어는 자기가 그동안 해온 일이나 경험한 부분에서 이미 전문가의 수준에 올라 있다. 이런 전문가로서 자신의 기록을 남기는 방법이 책을 쓰는 것이다.

어렸을 때 어머니께서는 글로 쓰인 것은 신문이든 책이든 다 읽어보라고 하셨다. 글을 쓴 사람들은 그 방면의 전문가이고 훨씬 나은 사람이므로 얼마든지 배울 점이 있다는 말씀이었다. 그래서 나도 예전부터 나이 들면 그동안 쌓은 전문 분야의 지식을 책으로 써보고 싶다고 꿈꿔왔다.

책 쓰기와 글쓰기는 비슷하지만 분명 다르다. 글쓰기는 책을 쓰기 위한 필요조건이지만 책 쓰기의 충분조건은 아니다. 개인 블로그나 칼럼의 짧은 글보다 책 쓰기가 훨씬 호흡이 길고 힘들다. 그러나 힘든 만큼 써내려갈수록 상당히 재미가 있다.

긴 호흡을 가지고 글쓰기에 도전해보자. 책 쓰기도 레포츠처럼 배워서 도전할 수 있다. 책을 쓰면 책이라는 결과물도 남지만 '나'에 대한 인지도를 높일 수도 있다. 자기 이름으로 나온 저서만 있으면 더 이상 이력서나 프로필도 필요 없다. 자기 이름으로 된 책 한 권이 자신의 모든 것을 말해주기 때문이다.

사람이 죽으면 이름을 남기고 호랑이는 죽으면 가죽을 남긴다고 하는데, 그 이름을 남기는 방법으로 책 쓰기가 가장 효과적이다. 책이 삶을 담고 있는 것이라 할 때, 인생을 살아온 경험이 많은 시니어일수록 책 쓰기가 유리할 것이다.

특별한 치유, 자서전 쓰기

자서전은 본인의 일대기를 쓰기도 하지만, 부모님의 자서전을 대신 쓰기도 한다. 동창생으로부터 자서전을 한 권 받았다. 본인의 자서전이 아닌 부친의 자서전이었는데, 감동적이고 신선했다. 부모의 생애를 되짚어볼 줄 아는 효심이 느껴졌고 무엇보다 부모에 대한 깊은 존경심이 묻어났다. 평범해 보였던 부모님의 삶도 기록으로 남기면 역사가 된다.

남들과 특별할 것도 없는 사람이 자서전을 쓴다면 좀 웃기는 일이라고 시니컬하게 받아들이는 이도 있을 것이다. 그러나 남에게 보여주기 위한 자서전이 아니라 자기 자신의 일대기를 정리하기 위한 자서전이라고 생각하면, 매우 흥미롭고 재미있는 작업이 된다. 본인의 자서전을 쓰면서 자기 삶을 되돌아볼 수 있는 시간이 되고, 또 그 시간 자체가 치유의 시간이 되어준다. 위대한 업적이 없더라도 우리 모두는 자신에게, 또 누군가에게 의미 있는 존재다. 나의 삶과 생각을 책으로 남기는 것은 나를 돌아보는 과정이며, 나를 의미 있게 생각해주는 사람들을 위한 나만의 선물이다.

디지털 인쇄기술이 발전하면서 자비로 출판하는 경우 500부 정도 만든다면 큰돈 들이지 않고도 출판이 가능하다. 일대기를 다 담지 않고 어떤 특정 부분만 강조해서 자서전을 쓰는 방법도 있다. 해외여행을 많이 다닌 한 친구는 가족들과 여행 다니며 찍은 사진, 식사한 영수증, 관광지 안내 책자 등을 개인 블로그에 남겼는데 그 기록을 모아 책을 펴냈다. 그렇게 기록을 남기면서 시베리아 횡단과 남미 여행을 하고 나니 스폰서가 생기기도 했다.

자전거 여행을 많이 한 선배 한 분은 미 대륙을 횡단하고 책을 써냈다. 그 책은 많이 팔리지는 않았지만 자전거 여행가로서의 입지를 확고히 하는 계기가 되어 여러 곳에서 강연 요청이 들어왔고, 강연이 끝나면 저자 사인회 등을 열며 독자와의 대화 시간도 갖는다고 한다. 지금 당장은 아니더라도 언젠가는 자서전을 쓰겠다는 마음으로 하루하루를 생활한다면 더 의미 있는 여생을 보낼 수 있지 않을까.

시니어의 특별한 일기

일기 쓰기는 초등학교 때 이래로 늘 하기 싫은 숙제였다. 방학 때 차일피일 미루다가 개학을 코앞에 두고 한 달 치를 몰아 써본 경험은 누구나 있을 것이다. 이때 제일 어려웠던 점이 그날의 날씨였다. 지금처럼 인터넷이 발달되지 않아 머리를 쥐어짜내 겨우겨우 일기를 몰아 썼던 기억이 있다.

일기는 발표하기 위해 쓰는 글과는 달리 어느 누구도 의식하지 않고 쓰는 가장 개인적인 글이다. 비공개를 전제로 쓰기 때문에 솔직한 비밀의 세계라 할 수 있다. 내용이나 형식의 제한이 없으므로 자기 자신을 똑바로 보고 미래를 계획하는 데 도움이 되기도 한다. 또 과거를 보존하는 개인 역사의 기록이기에 훗날 중요한 자료로 남는다.

은퇴 후에는 시간 날 때마다 하루하루의 잔잔한 일상을 나만의 기록으로 남겨보자. 나는 특별한 일이 있을 때 수첩에 일기를 쓰곤 했다. 어른이 되어 자발적으로 쓰는 일기는 하루를 뒤돌아보고 반성과 성찰의 시간을 가지며 더 나은 생활을 할 수 있게 해준다. 자꾸 기억력이 감퇴해서 어제가 오늘 같고 한 주만 지나면 기억이 가물가물해지는 노년기에는 기억력 향상에도 도움이 된다. 특별한 일이 없을 때는 사회적인 이슈에 대한 본인의 생각을 써도 된다. 그리고 매일매일 감사한 일을 찾아내서 쓰는 감사 일기는 마음의 평화를 주며 긍정적인 생각을 갖도록 도와준다.

글을 쓰면 생각이 정리된다. 일기를 쓰면서 마음의 평정을 찾아보자. 학창 시절 한 번쯤 시도해보았던, 외국어로 일기 쓰기에 도전해보자. 외국어 작문 공부에 의외로 큰 도움이 된다.

시 쓰기에는 나이가 따로 없다

친구 중에 시인이 몇 명 있다. 학창 시절 문학반에서 함께 활동했던 그 친구들의 작문 실력은 기억에 남아 있지 않으나, 최근 그들이 쓴 시를 듣고 잔잔한 감동을 받았다. 같은 시대를 살아오며 느낀 감정을 함축적인 언어로 담아낸 작품을 시 낭송회에서 들으니 문학적인 충만감이 들었다. 굳이 시집을 내진 않았더라도 인터넷 매체를 통해 꾸준히 작품을 발표하고 올리는 친구들이 그렇게 멋져 보일 수가 없다. 이런 친구들 덕분에 나이 들어서 만나는 우리의 모임이 격상되는 느낌이다.

일본의 할머니 시인 시바타 도요는 99세에 시집《약해지지 마》를 펴내서 판매 부수 150만 부를 넘는 기록을 세웠다. 초등학교만 나온 시바타 도요 할머니는 102세로 돌아가시기 전에 두 번째 시집《100세》를 출간했다. 이 할머니는 알기 쉬운 말로 진솔한 마음을 전달하여 크게 감동을 주었다.

특별한 시어를 써서 표현하지 않더라도 자신의 진솔한 느낌을 그때그때 적어서 표현한다면 멋진 시가 될 수 있다. 시를 모아서 시집을 내도 좋지만, 개인 블로그에 기록하거나 시 노트를 만들어서 시상이 떠오를 때마다 손으로 적어놓아도 멋진 시집이 된다.

손으로 편지쓰기

얼굴을 맞대고 대화하거나 전화 통화로도 의미 전달은 되지만 편지는 더 특별한 느낌을 준다.

멀리 아프리카 사하라 사막에서 3년간 현장 근무를 할 때의 일이다. 일주일에 한 번씩 인편을 통해서 아내와 가족들의 편지를 받았는데, 당시 그 편지는 내게 힘들고 외로운 사막 생활을 이겨내는 원동력이 되었다. 지금도 상자에 넣어두고 가끔 옛 추억을 생각하며 한 번씩 읽어본다. 특히 아들이 군대에 있을 때 보낸 편지는 지금 읽어보면 그런 효자가 따로 없다. 편지를 쓸 때는 상대방을 머릿속에 그리며 글을 쓰기 때문에 각별한 애정이 담긴다.

요즘은 대화나 편지보다도 스마트폰 문자와 이모티콘으로 간단하게 의사를 전달하지만 간단하고 빠른 만큼 감흥은 떨어진다. 가까운 사람들에게 편지지에 펜으로 글을 써서 우체통을 찾아가 편지를 부쳐보자. 번거로운 일이지만 그런 행위를 하면서 상대방에 대한 자신의 정성과 애정을 담을 수 있다.

후세에 알려진 유명한 편지로는 도산 안창호 선생님이 아들 필립에게 보낸 편지가 있다. 선생님은 멀리서 독립운동을 하면서도 아들에게 좋은 책을 읽고 좋은 친구를 사귀라는 당부와 사랑을 편지에 담았다. 에이브러햄 링컨이 대통령 유세를 다닐 때 열한 살 된 한 소녀의 편지를 읽고 구레나룻을 길렀다는 일화도 전해진다. 마른 얼굴에 구레나룻을 기르면 더 멋있는 대통령이 될 거라는 소녀의 편지로 링컨의 트레이드마크인 구레나룻이 생긴 것이다. 편지를 많이 쓰기로 유명한 나폴레옹은 치열한 전쟁터에서 아내 조세핀에게 손발이 오글거릴 정도의 연애편지를 썼다. 결혼 전 보낸 편지에 있는 '그대의 마음에 한 번, 그대의 입술에 한 번, 그대의 눈에 한 번', '달콤한 내 사랑에게 천 번의 키스를 보냅니다. 그러나 보답으로 키스를 보내지 말아요, 내 모든 피가 불타버릴 테니까요'와 같은 문구는 지금 써먹어도 어색하지 않을 만큼 달달하다.

오늘이라도 편지지를 앞에 놓고 사랑하는 사람에게 마음을 담아서 편지를 써보자. 상대를 생각하는 마음이 훨씬 깊어질 것이다.

바둑과 장기로
치매를 예방하자

군생활을 하면서 나는 여러 가지 추억을 많이 쌓았다. 남들처럼 힘들고 고생했던 추억이 아니라 좋은 사람을 많이 만난 추억이다. 나는 운 좋게도 우리나라에 바둑이라는 정식 학문을 최초로 만들고 대학에서 후배를 양성 중인 정수현 9단과 군생활을 함께했다. 그분은 나보다 고참이었지만 나를 많이 아껴주었고, 딱딱한 병영생활 중에도 학문에 대한 깊이 있는 통찰과 바둑에 대한 많은 이야기를 들려주었다. 덕분에 휴가 때나 외출 때 한국기원의 기라성 같은 바둑 고수들을 많이 알게 되었다.

그 당시 나는 바둑에 문외한이었지만 바둑 두는 분들에게는 존경심을 느끼고 있었다. 집안 형님께서도 아마추어이긴 해도 꽤 바둑을 잘 두서서 어려서부터 어깨너머로 보고 자랐다. 아버님도 바둑과 장기를 좋아하셔서 해 질 녘 아버지를 찾으러 기원을 기웃거린 적도 많다. 물론 어린 나는 어머니와 바둑 대신 오목을 두거나 바둑알 튕기기 같은 장난을 했지만 그것도 어린 내게는 나름대로 무척 즐거운 오락거리였다.

바둑은 통찰의 결과물이다

바둑은 바둑판에서 흑백의 바둑돌을 가지고 상대방과 집짓기를 하는 지적인 게임이다. 최근 은퇴한 동문들의 바둑 모임이 부쩍 늘어나고 있는 것도 바둑이 힘 안 들고 돈 안 들면서 친구와 편하게 어울릴 수 있는 여가 활동인 탓이 크다. 머리를 쓰는 경기라 치매 예방에도 큰 효과가 있으니 일석이조를 넘어서 일석삼조가 아닐 수 없다. 흔히 바둑 안에 세상의 이치가 있다고 한다. 바둑을 두면서 우리는 인생의 교훈 경영의 원리 등을 발견하고 세상 많은 문제에 대한 해결 방법을 배울 수 있다.

앞에서 말한 정수현 명지대학교 바둑학 교수를 오랜만에 만났다. 막걸리를 한잔 마시면서 바둑과 그간 살아온 이야기를 나누었다. 그는 바둑에 관한 책을 많이 썼는데, 그중 주목할 것이 경영인에게 도움이 되는《바둑 읽는 CEO》다. 그는 그 책에서 이렇게 말한다.

'바둑은 인생의 축소판이다. 바둑은 단지 이기고 지는 승부가 아니라 다양한 생각의 기술이 담겨 있는 '사고의 예술'이자, 미래를 읽는 기술을 배울 수 있는 도구이며, 인생을 승리로 이끄는 기술이 담겨 있다. 몇 시간의 장고 끝에 두는 프로기사의 한 수 속에는 그것이 가져올 결과에 대한 그림이 이미 그려져 있다. 수많은 가능성 중에서 하나를 선택한다는 것은 과거와 지금의 형세, 미래의 흐름을 모두 아는 자만이 가능하다. 요컨대 바둑의 한 수는 인생에 대한 통찰의 결과물이다.'

여기에 심신 건강에도 유익하고 자가 수양까지 되기 때문에 능동적인 시니어들에겐 추천할 만하다. 그러나 바둑에 임하는 자세와 마음가짐에 신경 써야 한다. 바둑은 승부를 겨루는 게임이지만 상대방에 대한 배려와 신사도가 필수다. 그래서 '예술'이나 '예도'라고 부르며 '마인드 스포츠'로 분류하고 있다.

바둑은 게임 차원을 넘어 또 다른 가치를 강조하기도 한다. 그만큼 바둑은 대단히 훌륭한 두뇌 게임이다. 다양한 사고력을 사용함으로써 뇌의 여러 부위를 활성화시킨다. 취미 삼매경에 빠질 만큼 오묘한 재미를 제공해 스트레스를 해소하고 활력을 주며 인내력과 자제력 등 사회생활에 꼭 필요한 성격을 형성한다. 그야말로 두뇌 종합 스포츠라고 해도 과언이 아니다.

두는 사람, 구경하는 사람 모두가 즐거운 장기판

내가 어렸을 때 아버지는 저녁식사를 하고 나면 평상에 앉아서 재미있고 신기한 이야기를 많이 해주셨다. 그 당시에 들었던 재미난 이야기들은 지금도 생생하게 남아 있다. 그중 하나가 장기에 대한 이야기다.

옛날에 한 나무꾼이 나무를 하러 산속 깊숙이 들어갔다가 길을 잃었다. 길을 잃고 헤매던 나무꾼은 처음 보는 동굴을 발견했다. 동굴 안으로 들어가 보니 길이 점점 넓어지고 환해지면서 복숭아꽃이 활짝 핀 동네가 나타났다. 동네 입구 커다란 나무그늘 아래에는 백발의 두 노인이 장기를 두고 있었다. 마침 나무꾼도 장기를 좋아해서 옆에서 구경을 하며 훈수도 했는데, 장기가 끝나갈 무렵 돌아갈 시간이 되었다는 생각에 옆에 세워둔 도끼를 집으려 했더니 도끼자루가 바싹 썩어서 잡을 수가 없었다. 눈앞에서 장기를 두던 노인들도 갑자기 사라졌다. 이상하게 생각하면서 복숭아 꽃잎이 흐르는 개울을 따라 마을로 내려와 보니 마을의 모습이 예전과는 완전히 바뀌어 있었다. 한 노인을 만나 자기 아들 이름을 말하며 찾으니, 그 노인이 "그분은 저의 증조부 어른이십니다"라고 대답하더라는 것이다. 여기서 '신선놀음에 도끼자루 썩는 줄 모른다'는 말이 나왔다.

장기는 기원전 200년 무렵 인도에서 생겨났다. '생각이 깊고 앞을 내다보는 슬기를 갖추되, 끝을 미리 알 수 없는 놀이를 만들라'는 왕명에 따라 바라문의 고승이 만들었다고 전한다. 이후 인도 승려들은 도 닦는 중간에 머리를 쉬는 겸해서 장기를 두었다.

장기는 잘 두는 상수(上手)가 한(漢)을 쥐고, 잘 못 두는 하수는 초(楚)를 쥐며, 하수의 선수로 시작하여 서로 한 수씩 교대로 둔다. 두다가 장이 갈 곳 없이 꼼짝 못하게 되면 지게 되며, 똑같은 수를 무제한으로 되풀이하게 되는 경우는 만년수라 하여 무승부가 된다. 장과 장의 사이에 아무런 장애물 없이 마주 서게 되었을 때도 '빅장군'이라 하여 비기게 된다.

남의 장기에 훈수 두지 말자

장기는 전쟁의 형식을 본뜬 놀이로서 일대일 놀이이지만, 대개의 장기판 둘레에는 구경꾼들이 있어 어느 한 편에 훈수를 한다. 낮에 공원이나 놀이터에 가보면 바둑과 장기를 두는 사람들이 종종 보인다. 바둑이나 장기판 주변에는 어김없이 구경꾼도 있고 옆에서 응원하는 사람도 있다. 가벼운 내기를 하는 경우에도 대국을 벌이는 두 사람은 아주 심각하다. 그러다 보면 주변의 구경꾼에게는 보이는 수가 막상 두는 사람들에게는 안 보일 수 있다. 이럴 때 입이 근질거려 훈수하는 사람들이 있는데 내기 장기에서는 잘못 훈수하면 봉변을 당할 수도 있으니 조심하자.

그럼에도 훈수꾼이 끼지 않은 장기는 상상만 해도 싱겁다. 훈수꾼은 언제나 약한 편을 들기 마련이어서, 판세가 순식간에 뒤집히기도 한다. 날벼락을 맞은 쪽에서 판을 뒤엎으며 고함을 치는 것도 무리는 아니다.

인생도 주변에서 훈수를 두는 이가 많다. 내 인생은 잘 안 보이는데 남의 인생은 잘 보이니까 말이다. 우리 인생도 한 발 물러서서 장기나 바둑 훈수하듯이 바라본다면 좋은 해법이 나올 듯도 하다.

장기나 바둑은 친구들과도 할 수 있지만 손자들과 두어도 좋은 놀이다. 차분하게 앉아서 한 수 한 수 두면 두뇌 발달에도 좋고 세대 간 교감에도 매우 훌륭한 놀이가 된다. 또한 바둑과 장기는 바른 자세와 행동, 상대에 대한 예의가 기본 예절이므로 정신 활동을 중시하는 분들에게는 반드시 추천한다.

동식물과
애정을 나누다

노후에 정신적인 교감과 안정을 위하여 반려동물을 키우는 가정이 많이 늘어나고 있다. 파충류 등 특이한 반려동물을 키우는 사람들도 있지만 대부분은 반려동물로 개와 고양이를 많이 선택한다.

집 안에 관상용의 녹색 식물을 키우거나, 도시 주변에 주말 농장을 만들어 무공해 야채를 자급자족하는 가정도 많이 늘어나는 추세다. 개든 고양이든 또 식물이든, 생명을 가진 존재를 돌보고 키우는 기쁨은 우리의 정신세계를 풍요롭게 한다.

이보다 더 사랑스럽고 충직할 수 없다

개의 평균 수명은 10년에서 17년이고 대형견일수록 수명이 짧다. 사람과 함께 오래도록 같이 살면 좋겠지만 수명이 다르므로 늘 이별을 예상하며 살아야 한다.

반려견을 기르기로 결정했으면 먼저 개를 입양해야 하는데, 믿을 만한 곳에서 생후 2~3개월 된 강아지를 들이는 것이 좋다. 견종을 정할 때는 가족의 집 형태, 라이프 스타일, 가족 구성원의 성향 등을 고루 고려해야 한다. 예쁘다는 기준만으로 견종을 선택하지 말고 건강하게 키울 자신이 있는 종류를 선택해야 한다. 사실 아파트에서 대형견을 키우기에는 많은 어려움이 따른다. 만약 집에 어린아이들이 있다면 소형견을 키우는 것이 좋다.

일반적으로 대형견이 소형견보다 성질은 온순하지만 덩치가 커서 사람들에게 위협적으로 보일 수 있으므로 외출할 땐 반드시 목줄과 입마개를 해야 한다. 우리나라에서 반려견으로 인기 있는 소형견들은 말티즈, 푸들, 웰시코기, 포메라니안, 미니핀, 치와와, 시추 등이다.

강아지는 식사도 잘하고 사람들과 잘 어울리므로 키우는 데 크게 어려운 점은 없다. 그러나 살아 있는 동물이므로 감정도 있고 사랑도 느낀다. 비록 대화는 안 되지만 어느 정도 키우면 주인의 마음을 읽는다. 문제 있는 개들을 치료하는 반려견 심리 전문가의 처방을 보면 개들도 사람과 똑같은 감정을 가진 동물이라는 것을 느낄 수 있다.

나는 대형견을 좋아해서 개썰매 끄는 말라뮤트, 충직한 도베르만, 영국산 사냥개인 포인터 등을 키워보았다. 개를 기르면서 여러 가지 에피소드도 많았다. 도베르만은 폭력 영화에 나올 정도로 무섭게 생겼지만 주인에게 충성을 다하며 아주 영리한 개다. 기를 때 꾸준히 운동시켜

| 강아지와 고양이를 키워보는 것도 여가를 즐기는 방법 중 하나다.

다부진 몸매를 유지시켜야 한다. 이 견종은 멀리서 주인의 차 엔진 소리만 듣고도 직선으로 달려온다. 그러나 한 번은 주인을 문다는 전설적인 견종이기도 하다. 말라뮤트는 추운 북극 지방에서 눈썰매를 끌던 늑대의 후손이다. 크기가 시베리안 허스키보다 크고 힘도 세며 식성도 좋고 식사량도 많다. 길고 풍성한 털로 강아지 때는 엄청나게 귀엽다. 도베르만과 함께 기를 때 둘이 한번 크게 싸운 다음 서열 2위로 밀렸다. 사냥개의 혈통을 지닌 영국산 포인터는 몸에 점이 박힌 것이 특징이며 날렵한 몸매가 인상적이다. 음식을 줄 때 바닥에 떨어진 것은 먹지 않고 공중에서 낚아채서 먹는 버릇이 있다. 상당히 아끼던 개였지만 누군가가 몰래 데려가는 바람에 우리와 헤어지고 말았다. 인터넷에 현상수배까지 했지만 결국 찾지 못했다.

아파트에 살면서는 아들이 데려온 소형 견종 포메라니안을 키웠다. 사람을 잘 따르고 까불며 아주 예쁘고 귀여운 강아지였다. 작은 강아지는 어린이처럼 옷도 입히고, 소품도 귀여워 아이들이 좋아한다.

그러나 예쁜 반려견들도 사람과 마찬가지로 생로병사를 겪는다. 새끼도 태어나지만 나이 들면 사람과 똑같이 관절염이나 암에 걸릴 수도 있고 치매가 올 수도 있다. 반려견을 입양한다면 끝까지 책임을 지고 기를 각오를 해야 한다. 정이 들면 한식구와 같으므로 죽으면 마음에 깊은 상처를 받을 수도 있다.

이보다 더 새침할 수 없다

개와 고양이는 반려동물로 비슷한 점이 많으나 습성은 완전히 다르

다. 개는 낮에 활동적이지만 고양이는 야행성이므로 낮에 주로 낮잠을
잔다. 식성도 다르다. 둘 다 사료로 키우지만 고양이는 육식성이고 개
는 잡식성이다. 고양이는 수직 이동을 좋아해서 캣타워가 필요하지만,
개는 수평으로 이동한다. 고양이는 자기가 주인인 것처럼 도도하게 행
동하고, 개는 주인에게 복종한다. 개는 꼬리를 흔드는 등 사람을 반기
는 감정의 교감이 확실한 반면 고양이는 감정 표현이 은근하고 소극적
이다. 고양이는 날카로운 발톱을 가지고 있어서 소파나 방석은 물론 사
람 손등도 할퀼 수 있으므로 항상 주의해야 하고 발톱에 캡을 씌워주어
야 한다. 개는 똥오줌을 가릴 수 있게 교육시켜야 하나, 고양이는 천성
적으로 모래만 깔아주면 그곳에서 깨끗하게 해결한다.

  고양이도 개와 마찬가지로 털이 많이 빠진다. 고양이털은 잘 보이지
않으므로 알레르기가 있는 사람은 주의해야 한다. 아기가 있는 집에 반
려동물을 키우면 아기의 면역력이 높아지기도 한다. 또한 아기와 놀면
서 교감을 하기에 아기의 정서 발달에 도움이 된다.

  반려동물을 끝까지 돌보지 않고 방치하며 버리는 사람이 많다. 유기
견과 유기묘가 늘어나 사회문제가 될 정도이니, 반려동물을 입양할 때
는 책임과 의무가 따른다는 것을 명심해야 한다.

  고양이를 좋아하는 지인이 있었는데, 어느 날 길을 잃고 헤매는 새끼
고양이를 데려와 길렀다. 집에서 사랑받으며 자란 고양이와 달리 길고
양이들은 영양 상태도 좋지 않고 병에 걸려 있는 경우가 많다. 그분은
어미 잃은 새끼고양이를 데려와 병을 치료하며 꽤 많은 돈을 써야 했
다. 그러나 생명을 살리고 정을 붙이는 일에 그분은 큰 보람과 기쁨을

느낀다고 했다. 유기동물을 거두어 돌보는 사람이 많아질수록 우리 사회도 더욱 아름다워질 것이다.

식물로도 충분하다

집 안에 녹색식물을 키우면 공기도 정화되고 관상용으로도 좋다. 그러나 말 못하는 식물도 잘 키우려면 동물보다 훨씬 더 많은 정성이 들어가야 한다.

식물도 살아 있는 생명체이므로, 자기를 키우고 물 주는 사람의 감정을 알고 반응한다는 놀라운 사실이 밝혀지기도 했다. 미국의 클리브 벡스터(Cleve Baxter)는 거짓말 탐지기 시험을 통해 식물도 사람의 의도를 읽을 정도의 의식이 있음을 밝혀냈다. 그의 실험은 진위 여부와 상관없이, 많은 사람에게 신선한 충격과 자극을 주었다.

식물이 내뿜는 피톤치드도, 알고 보면 제 자리에서 움직이지 못하는 대신 자체의 생명 유지를 위하여 해로운 곤충이나 잡풀을 죽이기 위한 능동적인 활동이라고 한다.

요즘은 반려식물이라는 표현도 쓸 정도로 정서적으로 교감하며 식물을 키우는 사람이 많다. 영화〈레옹〉에는 주인공이 조그만 화분에 담긴 식물에 공감하고 의지하는 장면이 나온다. 자신을 위해 희생한 레옹을 기억하며 마틸다가 화분의 화초를 옮겨 심는 모습은 오랫동안 내 머릿속에 남은 명장면이었다.

최근엔 1인 가구가 늘어나면서 녹색의 친구를 뜻하는 '그린 메이트(green mate)'라는 이름으로 반려식물을 부르기도 한다. 녹색 식물을 키우면 긴장 완화와 스트레스 해소 효과가 있고, 요즘 문제되는 미세먼지 제거와 공기정화 효과도 있다. 미세 먼지 제거에 탁월한 식물로는 아이비, 관음죽, 인도고무나무, 산세베리아, 라벤더, 로즈메리 등이 있다. 미세 먼지는 식물 잎에 윤택이 나게 하는 왁스 층에 달라붙거나 잎 뒷면의 기공 속으로 흡수되어 사라진다. 또 식물에서 발생하는 음이온이 양이온인 미세 먼지를 없애는 역할도 한다.

식물은 탄소동화 작용과 광합성을 하므로 환기와 햇볕도 적당히 제공해줘야 하고, 종류에 따라 물 주는 간격도 다르므로 주의를 기울여야 한다. 요즘 유행하는 홈가드닝(home gardening)으로 직접 채소를 가꾸어 자급자족하는 사람들도 있다. 농약을 사용하지 않으므로 안전하고 수확하는 기쁨도 있다. 베란다나 옥상에 우유팩이나 플라스틱 통을 이용하여 작은 텃밭을 만들어서 방울토마토나 상추를 직접 길러도 된다.

관상용과 재배용으로 실내 수직 농장도 새로운 트렌드다. 한쪽 벽면에 수직으로 여러 층의 식물단을 만들어서 층층마다 LED 전구를 이용하여 태양광을 대신하고 흙 대신 배양액으로 수경재배를 하는 것이다. 아파트의 벽면에 설치하면 실내 장식으로도 훌륭할 듯하다.

낚시의 손맛을
즐기다

    TV 예능 프로그램 〈도시어부〉가 인기를 끌면서 요즘 낚시가 '핫한' 취미활동으로서 예전 명성을 되찾고 있는 중이다. 처음 이 프로그램을 봤을 때만 해도 낚시질이나 하는 이야기에 시청률이 과연 얼마나 나올까 의구심이 들었지만, 의외로 인기가 있었다. 지금도 계속 촬영이 이어지는 것으로 보아 인기는 한동안 계속될 것으로 보인다.

    흔히 낚시는 손맛이라고 하지만 남이 낚시하는 모습을 보는 것도 제법 흥미롭다. 나는 낚시하고는 인연이 없는지 갈 때마다 빈손이다. 처음 낚시를 배울 땐 대나무에 낚시 바늘을 매고 추를 매달아 인천 앞바다 방조제에서 망둥이 낚시를 했다. 중학생 때였는데 옆에서 보던 아저씨가 한 마리도 못 잡는 걸 보고 본인이 잡아놓은 망둥이를 몇 마리 주기도 했다.

성인이 되어서 친구들과 배를 빌려 낚시를 나가면 다들 잘 잡는데 유독 나만 바위틈에 납봉이 걸려서 낚싯줄만 끊어먹기 일쑤였다. 그래서 손맛보다는 친구들이 잡아준 우럭을 안주 삼아 술 한잔하는 맛이 더 즐거웠다. 저수지에 민물낚시를 가도 아들 앞에서 폼은 잡지만 한 마리도 못 잡고 빈 바구니로 돌아올 때가 많다. 그래도 한 번은 해외 근무 중에 지중해에서 30여 분간 줄다리기를 하다가 곰치 한 마리를 낚기도 했다.

물고기를 잡는 행위에만 몰두하면, 낚시와 어부는 다를 바 없다. 그러나 자연을 즐기고 인생을 배우며 세월을 낚는다는 의미로 보면 아주 멋진 취미다. 낚시를 즐기는 매형에게 물어보니 인생의 가장 아름다운 순간이 잔잔한 호숫가에서 텐트를 치고 낚싯대를 드리우는 때라고 한다. 낚싯대 주변으로 원형의 파문이 이는 호수와 간혹 움직이는 찌를 보며 물고기와 교감하는 때가 가장 평화롭고 좋은 추억이라고 한다. 기다림의 미학인 낚시의 재미에 한번 빠져보는 건 어떨까?

낚는 재미, 보는 재미

낚시하는 사람들을 흔히 낚시꾼이라고 부른다. 꾼이란 낚시에 미친 사람을 말한다. 물고기 잡이를 업으로 삼는 어부와는 다르다. 다들 자신이 낚시에 미친 정도까지는 아니라고 말하지만, 낚시하지 않는 사람들이 보면 다들 꾼이다. 낚시는 여자보다는 남자가 좋아하는 취미 중 하나다. 반면 낚시를 싫어하는 사람에게는 남성이든 여성이든 질색하는 취미 중의 하나다. 적성에 안 맞으면 낚시만큼 힘들고 지루한 여가도 없다. 게다가 물고기까지 안 잡히면 죽을 맛이다. 그런 이유로 대다수는 낚시에 도전하다가 중도에 포기하지만 재미를 느끼기 시작하면 결국 꾼으로 바뀌게 된다. 그만큼 낚시는 모 아니면 도인 취미다.

'우리는 고기를 낚는 게 아니고 인생을 낚는 것이다', '놓친 물고기가 항상 제일 크다', '물고기가 낚시 바늘을 물지 않고 낚싯밥을 먹을 수는 없다. 모든 선택은 위험한 것이다', '신(神)은 잠시 동안의 인생에서 낚시로 보낸 시간을 빼 주지 않는다', '날 찾기 위해서 낚시를 가는 것이 아니라 날 잊기 위해서 낚시를 간다', '군자는 고기를 잡되 그물질을 하지 않는다', '사람이나 물고기나 입을 함부로 벌리면 안 된다' 등 낚시에 얽힌 명언이 많다.

낚시의 종류는 민물낚시와 바다낚시가 있는데 장비도 다르고 스타일도 다르므로 본인의 성향에 따라 즐기면 된다. 일반적으로 민물낚시가 기다림의 미학인 정적인 행동이라면 바다낚시는 조류의 흐름에 따라 변화무쌍한 동적인 행위다. 바다낚시의 매력은 잡은 고기를 바로 회를 떠서 먹을 수 있다는 점이다. 반면 민물낚시는 감염의 위험이 있으므로 삼가야 한다. 배를 빌려야 할 때는 바다낚시가 비용도 더 많이 든다. 반면 민물낚시는 호수 주변에서 밤을 새며 일출과 일몰을 보고 야간 낚시를 즐길 수 있다는 장점이 있다.

바다낚시는 갯바위 등에서 파도에 휩쓸릴 위험이 있고 바다라는 자연환경에 노출되므로 주의해야 한다. 반면에 민물낚시는 초보자도 쉽게 시작할 수 있다. 그 외에도 장비와 사용하는 미끼가 다르며, 손맛에도 차이가 있다. 바닷고기는 힘이 좋기 때문에 바다 낚싯대는 강한 재질로 만든다. 물고기가 한번 미끼를 물면 이를 끌어낼 때 온몸으로 사투를 벌여야 한다. 즉 온몸으로 물고기의 힘을 느끼며 천천히 끌어올려야 한다.

민물 낚싯대는 가벼운 소재의 경질대로 만들어져 있다. 그 때문에 물고기가 조금만 힘을 주어도 끌어내기가 좀처럼 쉽지 않다. 그러나 물고기의 저항이 경질의 대를 통해 손목으로 전해져 짜릿한 전율이 온몸으로 퍼진다. 낚시는 장비를 파는 가게에 가면 미끼와 낚싯줄 묶는 법 등 몇 가지 기초 지식을 알려주므로 따로 배울 필요는 없다. 하지만 낚시 분야의 전문가가 되려면 꾸준한 자기 학습이 필요하다. 경지에 다다르면 붕어의 마음을 읽고 대화도 가능하다는 말도 있다. 도시를 떠나 아름다운 경치를 즐기며 정적인 취미로 세월을 낚는 강태공이 되어보자.

산책으로 사색의 즐거움을 알다

인생은 경험한 만큼 보이고, 여행은 걸은 만큼 보인다. 여유롭고 느긋한 마음으로 길을 걷는 산책은 두 다리로 지구를 딛고 몸을 바로세우고 걷는 즐거움을 준다.

한참 산에 다닐 때, 암벽등반 중 미끄러지며 추락에 대한 확보를 제대로 안 해서 사고로 다리가 부러진 일이 있었다. 그 이후 몇 달간 누워 있으면서 법정 스님의 《맑고 향기롭게》를 읽으며 평소 당연하게 여겼던 '걷는 즐거움'에 대하여 생각하게 되었다. 목발을 짚고 다니면서 다리가 다 나으면 이 산 저 산 휘이휘이 돌아다니자고 마음먹었다. 그때 감동적으로 읽었던 책의 일부 대목을 여기 옮겨본다.

'논밭이 텅 빈 초겨울의 들길을 휘적휘적 걸으니, 차 속에서 찌뿌드드

하던 머리도 말끔히 개어 상쾌하게 부풀어 올랐다. 걷는 것은 얼마나 자유스럽고 주체적인 동작인가. 밝은 햇살을 온몸에 받으며 상쾌한 공기를 마음껏 마시고 스적스적 활개를 치면서 걷는다는 것은 참으로 유쾌한 일이다. 걷는 것은 어디에도 의존하지 않고 내가 내 힘으로 이동하는 일이다. 인간이 사유하게 된 것은 모르긴 하지만 걷는 일로부터 시작됐을 것이다. 한 곳에 멈추어 생각하면 맴돌거나 망상에 사로잡히기 쉽지만, 걸으면서 궁리를 하면 막힘없이 술술 풀려 깊이와 무게를 더할 수 있다. 칸트나 베토벤의 경우를 들출 것도 없이, 위대한 철인이나 예술가들이 즐겨 산책길에 나선 것도 따지고 보면 걷는 데서 창의력을 일깨울 수 있었기 때문일 것이다. 그런데 언제부턴가 우리들은 잃어가고 있다. 이렇듯 당당한 직립 보행을 인간만이 누릴 수 있다는 그 의젓한 자세를 더 말할 나위도 없이 자동차라는 교통수단이 생기면서 우리들은 걸음을 조금씩 빼앗기고 말았다. 그리고 생각의 자유도 서서히 박탈당하기 시작했다.'

가벼운 마음만 있으면 된다

회사 입사 동기 중 유인재라는 친구가 있다. 구수한 부산 사투리에 문학적 소양이 풍부했던 그 친구와 국내와 해외 현장 생활을 같이하며 젊은 시절을 불태웠다. 그가 정년퇴직 후 제일 먼저 한 일이 산티아고 순례길 걷기였다. 육체적으로 힘들었지만 정신적으론 많이 성숙해져서 왔다. 그 이후 그 친구는 순례자들로 구성된 카미노 모임을 이끌며 우리나라 전역과 해외 순례길을 걸어 다니며 스스로 인생의 깊이를 더

하고 있다.

그 친구의 도움과 내 경험을 살려서 우리나라에서 걷기 좋은 둘레길을 골라봤다. 걷다가 힘들면 쉬고, 경치 좋으면 감상하면 된다. 꼭 목표를 채우고 걸음 수를 셀 필요도 없다. 요즘 아름다운 길이 많이 생겼으니 채비를 간단히 하고 떠나자. 무거운 짐을 내려놓고 가벼운 마음만 챙기자.

걸으면 생각이 정리되면서 새로운 아이디어도 얻을 수 있다. 실제로 골치 아픈 일이 있을 때 마음을 비우고 길을 걸으면 문제가 스스로 해결되는 경우도 있다. 걸으면 햇볕을 쬘 수 있어서 좋고, 다리가 튼튼해져서 좋고 치매 예방에 도움이 되어서도 좋다. 가장 쉽고 간편하게 시작할 수 있는 코스를 집 근처에서 먼저 찾아보고, 없으면 가까운 공원이나 지방마다 특색 있는 이름으로 잘 정비되어 있는 둘레길을 걸으면 된다. 좀 걸어본 사람이라면 걷기가 왜 신이 인간에게 준 가장 아름다운 선물로 불리는지를 알 것이다. 걷기 좋은 둘레길은 전국에 많지만 내가 아는 한도 내에서 정리해서 소개해본다.

• 북한산 둘레길

총 길이 70킬로미터의 북한산 둘레길은 물길, 흙길, 숲길, 마을길이 아기자기하게 조성되어 있어 걷기에 전혀 지루하지 않다. 길은 총 21개 구간으로 구성되어 있는데 같은 길이 하나도 없다. 숲이 주는 피톤치드를 마음껏 마시면서 편안하게 걷기에는 순례길과 소나무숲길, 우이령길이 좋다. 약간의 산행 기분을 느끼고 싶다면 명상길과 옛성길과 산너

미길을, 짧게 산책을 즐기고 싶다면 왕실묘역길과 마실길을 추천한다.

• 안산 자락길

안산 자락길은 총연장 7킬로미터로, 계속 거닐다 보면 다시 출발한 곳으로 돌아오고 보행 약자도 안산에서 산림욕을 즐기며 편하게 산책할 수 있도록 '순환형 무장애 숲길'로 만들어진 것이 특징이다. 어느 곳으로든 접근이 쉽고 무리없이 걸을 수 있다. 무장애 숲길 중 오르내리는 '편도형'이 아닌 '순환형'으로 완공된 숲길은 전국에서 처음이다. 나는 매달 이곳과 인왕산, 북악산을 잇는 코스를 안산하늘길이라 명명해 자전거로 돈다.

• 지리산 둘레길

지리산 둘레길은 이름 그대로 지리산을 둘러싼 길을 걸으며 자연 풍광과 인심을 느낄 수 있는 길이다. 지리산 주변의 3개도와 5개 시군 16개 읍면 80여 개 마을을 잇는 300여 킬로미터의 장거리 도보길이다. 사계절 내내 변화하는 지리산과 지리산을 아우르며 흐르는 강, 들녘, 마을을 보면서 걸을 수 있다. 자연자원이나 고유한 역사 및 문화자원이 잘 보존된 지역을 중심으로 연결하고 있다.

숙식을 해결할 수 있는 민박집과 그 민박집에서 만나는 따뜻하고 소박한 밥상이며 수줍은 민심을 만날 수 있다. 한국형 트레일의 전형이며, 느림(slow) 지향의 문화를 확산하고, 이를 통해 국민들의 육체와 정신 건강에 기여하는 데 취지를 두고 만든 길이다. 개인적으로 우리나라

길 중에서는 우선으로 손꼽고 싶다.

• 부산 갈맷길

부산 갈맷길은 700리 9개 코스 20개 구간으로 되어 있으며 총 280여 킬로미터에 이른다. 우리나라 제2의 도시를 돌아보는 길이 다양하게 펼쳐져 있다. 바다를 따라가는 길, 산을 도는 길, 도심의 역사를 따라 시내 중심을 걷는 길, 낙동강을 따라 걷는 길, 회동수원지라는 부산의 상수원 공급을 담당하는 큰 호수를 따라 걷는 길도 있다. 이름하여 '사색의 길' 등 다양하다.

부산의 명소가 다 담겨 있으며, 자연과 사람이 만들어놓은 풍경이 잘 어우러져 있다. 갈맷길은 부산의 상징인 갈매기와 길의 합성어다. 이 길은 부산의 지역적 특성을 담고 있으며 바다, 강, 산, 온천 네 가지를 경험할 수 있다.

• 동해안 해파랑길

동해안 해파랑길은 부산 오륙도 해맞이공원에서 고성 통일전망대까지 이어지는 대한민국에서 가장 긴 트레일 로드다. 동해안의 상징인 태양과 걷는 사색의 길로, 총 길이는 770킬로미터다. 나는 이 길을 구간 별로 세 차례에 걸쳐 자전거로 라이딩해보았다. 해파랑길의 뜻은 동해의 상징인 '떠오르는 해'와 푸른 바다색인 '파랑'과 '~와 함께'라는 '랑'을 합쳐 동해의 떠오르는 해와 푸른 바다를 길동무 삼아 함께 걷는다는 뜻이다. 아직은 잠자리와 먹는 문제가 해결되지 않아 다소 불편하며 도로를 따라 딱딱한 길을 걷는 일이 힘들지만, 동해의 멋진 바람을 느끼기에는 제격인 길이다.

• 소백산 자락길

소백산 자락길은 흙을 밟으며 산길을 걷는 아름다운 길이다. 영남의 진산이라 불리는 소백산 자락을 한 바퀴 감아 도는 길로, 전체 143킬로미터에 이른다. 모두 열두 자락으로 구성되어 있고, 각 자락은 평균 거리가 12킬로미터 내외여서 약 서너 시간이 소요되므로 하루에 한 자락씩 쉬엄쉬엄 걸을 수 있다. 더구나 열두 자락 모두 미세한 문화적인 경계로 구분되어 있으므로 자세히 살펴보면 자락마다의 특징이 발견되어 색다른 느낌을 느낄 수 있다.

사과 수확철에 가면 사과밭을 지날 때면 한번 먹어보라며 건네준 사과를 맛있게 먹었던 즐거운 추억이 있는 길이다. 국립공원 구역이 많아 원시 상태가 잘 보존되어 숲의 터널에서 힐링할 수 있을 뿐만 아니라 대부분 돌돌 구르는 시냇물과 동행할 수 있어 신선하다.

• 부안 마실길

부안 마실길은 서해안을 따라 바다와 산을 연이어 걸었던 추억이 있는 아름다운 풍광의 길이다. 변산반도는 해안 쪽의 외변산과 내륙의 내변산으로 나뉘어져 있는데 산과 바다가 어우러진 곳으로 자연 풍광을 감상하기에 좋은 여행지다. 마실길을 걸을 때 가장 유념해야 할 것은 물때를 잘 맞춰야 한다는 것이다. 썰물 때는 해안이 길게 드러나 길이 생기지만, 밀물 때는 바닷물이 해안 가까이로 들어와 길이 없어지거나 걸을 수 없을 정도로 질척해진다. 또 하섬까지는 바닷길이 열렸다가 금세 물이 차오르기 때문에 물때를 정확하게 알고 건너야 한다.

• 강릉 바우길

강릉 바우길은 백두대간에서 경포와 정동진까지 산맥과 바다를 함께 걷는 총 연장 약 400킬로미터로 강릉 바우길 17개 구간, 대관령 바우길 2개 구간, 울트라 바우길, 계곡 바우길, 아리 바우길로 이루어져 있다. 일부 바닷가 길은 해파랑 길과 겹치기도 한다. 바우는 강원도 말로 바위다. 강원도와 강원도 사람을 친근하게 부를 때 감자바우라고 부르듯, 인공미가 없는 자연 친화적인 코스다.

• 전주 아름다운 순례길

전주 아름다운 순례길은 전주의 한옥마을에서 전동성당을 지나 완주 송광사, 김대건 신부가 머문 나바위 성지, 병인박해 때 순교한 10인의 순교자가 묻힌 천호성지, 익산의 미륵사지, 김제의 금산사를 둘러보며 만경강과 김제의 너른 들판을 따라 걷는다. 전라북도를 남북으로 300여 킬로미터를 걸어 다시 전주로 돌아오는 길이다. 불교, 천주교, 원불교, 기독교가 서로 품을 내주어 어떤 날은 절에서 어떤 날은 원불교 교당에서 또 어떤 날은 천주교 피정의 집에서 자는, 여러 종교의 향기를 느낄 수 있는 독특한 길이다.

• 제주도 올레길

누구나 한두 번쯤은 가본 제주도 올레길은 너무 유명해서 별도로 설명이 필요 없는 곳이다. 우리나라에 걷기 열풍을 일으킨 길이며 바다를 둘러싼 풍광을 마음껏 즐길 수 있어 좋다. 약 400킬로미터 길이로 조성된 제주 올레길은 사단법인 제주올레가 만들었다.

'올레길'이라는 이름은 제주도 방언으로 집으로 통하는 아주 좁은 골목길을 뜻한다. 언론인 출신 서명숙 씨가 스페인 산티아고 순례길을 걷고 나서 구상했다. 제주 올레길은 대부분 해안을 따라 나 있으며, 제주의 자연과 역사, 신화, 문화, 여성 등의 다양한 문화 코드가 깃들어 있다. 일본에도 이름을 수출해 로열티를 받고 있는데 올레라는 이름 때문에 일본 사람보다도 한국 여행객이 더 많이 찾는다. 몇 해 전 나도 다녀왔는데, 제주도와는 다른 이국적인 느낌과, 온천 관광을 겸해서 다녀올 만하다.

• 강화도 나들길

강화도 나들길은 나들이 가듯 걸을 수 있다. 강화도와 주변 섬들로 이루어진 310킬로미터의 역사가 살아 있는 길이며 갯벌과 유적지를 돌아볼 수 있는 길이다. 선사시대의 고인돌부터 외세의 침략을 막아내기 위한 돈대와 자연 생태계를 볼 수 있다.

• 이순신 장군 백의종군로

이순신 장군 백의종군로는 이순신 장군의 백의종군로를 복원하여 만든 길이다. 경상남도와 전라남도에 각각 조성되었으며 경상남도는 하동, 산청, 합천, 사천, 진주를 거치는 161킬로미터의 길을, 전라남도는 남원, 구례, 순천, 하동을 잇는 125킬로미터의 길을 고증을 거쳐 복원하였다. 백의종군로에는 탐방로와 유숙지, 야영장, 특산품 판매장 등이 들어서고 곳곳에 안내판과 길 유도판이 설치되고 있다. 하동의 경우 관광지로 유명한 화개장터와 박경리 작가의 대하소설 《토지》의 무대인 악양면 평사리가 포함되어 있다.

• 고군산 군도 구불길

고군산 군도 구불길은 뻥 뚫린 새만금 방조제를 지나서 신시도, 무녀도, 선유도를 지나 대장도까지 교량으로 연결되면서 많은 관광객들이 찾는 길이 되었다. 바다와 섬들을 바라보며 구불구불 걷는 길이 매력적인 길이다. 군산시의 서남쪽 약 50킬로미터 해상에 위치하며, 옥도면에 소속되어 있는 군도이며 옛 군산이라고 해서 고군산 군도로 불린다. 특이한 바위섬인 선유도 등 63개의 섬으로 구성되어 있고 그중 16개가 유인도다. 고군산군도는 예로부터 '선유 8경'이라 하여 수려한 자연 경관으로 유명하다. 나 역시 가장 최근에 다녀왔는데, 1박을 하면서 천천히 돌아볼 수 있다.

앞에서 소개한 길은 모두 제주 올레길의 열풍에 따라 지자체에서 공을 들여 만든 길이다. 그러나 아직까지는 정비가 필요한 길이 많다. 주민들에게 제대로 알려지지 않아 정작 현지 주민들은 자신의 고장에 좋은 길이 조성된 사실조차 모르는 경우가 많아 숙소와 먹는 문제를 해결하기 어려운 곳도 많으니 방문하기 전에는 이 부분을 확실히 해두고 가는 것이 좋다.

반면 제주 올레길이나 지리산 둘레길은 이용하기에 불편함이 없게 조성되어 있다. 올레길을 걷다가 만나는 민박집이나 게스트하우스에서 숙식을 해결할 수도 있고 올레길 근처에서 멋진 카페를 만날 수 있는 곳도 있으니 기대해도 좋다.

이 두 군데 말고는 대부분 여관이나 모텔을 찾아 잠을 해결해야 하고 길 가다 만나는 식당에서 밥을 해결해야 한다. 그런데 식당들 대부분이 관광객을 상대로 하는 곳이라 가격이 좀 비싼 편이다. 그래도 어떤 곳은 걷는 내내 식당을 단 한 군데도 발견할 수 없는 지역도 있으니, 감지덕지할 따름이다. 특히 바닷가 한적한 어촌을 따라 걷다 보면 자주 굶게 된다.

혼자서 걸을 경우에는 애써 찾은 식당에서 2인분 이상밖에 주문이 안 된다는 당황스러운 답변을 들을 수도 있다. 그러니 길을 나서기 전 사전 조사를 통해 여러 가지 여건을 확인해보고 나서는 것이 좋다. 이런 대비를 하고 나선다면 전국 곳곳에 세상을 잊고 숲속을 흙길 밟으며 걸을 수 있는 길은 널려 있다.

전국 지자체가 개발해놓은 갖가지 길의 길이를 다 합하면 2만 킬로미터가 넘는다는 말이 있으니, 용기 내어 한번 나서볼 일이다.

IT 기기 사용법을
배워라

 젊은 사람과 나이 든 사람의 차이는 외양에서 가장 빨리 구분되지만, 또 다른 중요한 차이는 시대의 흐름을 받아들이는 태도에서 나타난다. 특히 새로운 기기에 적응하기가 나이 들수록 어려워진다. 따라서 노년이 될수록 하루가 다르게 발전하고 있는 정보기술(IT: information technology) 기기에 관심을 기울이는 것이 중요하다.

 집에만 있던 전화기가 가지고 다닐 수 있는 휴대폰으로 바뀐 지 얼마 되지 않아 거의 매년 사양이 향상되더니 몇 년 새 스마트폰으로 바뀌었다. 변화의 속도는 항상 우리의 생각보다 빨라 진입 장벽이 생겨나고 있다. 적응하기 위한 학습 시간이 필요해진 것이다. 그러나 스마트폰의 활용 방법은 알면 알수록 무궁무진하므로 배워볼 만한 가치가 충분하다. 활동적이고 능동적인 시니어들이 꼭 알아야 할 IT 기기의 사용에 대하여 알아보자.

스마트폰이 바꾼 풍경

가장 첫 번째로, 스마트폰이 없는 사람은 스마트폰부터 구입하자. 전화기가 없던 시절에도 사람 사는 일에는 지장이 없었다. 또 스마트폰 없다고 세상 끝나는 것도 아니다. 그러나 지금 세상은 달라졌다. 혼자 숲에서 속세를 등지고 사는 자연인이 아닌 이상 스마트폰은 생활필수품이 되었다고 해도 과언이 아니다.

스마트폰을 샀다면 전화기 용도 외의 사용법을 익혀야 한다. 스마트폰은 어디까지나 전화기가 아니라 정보통신 기기라는 사실을 인지할 필요가 있다. 전화도 걸 수 있는 IT 기기가 스마트폰의 정체임을 명심하자.

애플의 스티브 잡스가 2007년 스마트폰을 세상에 처음 공개한 이후, 우리의 생활은 큰 변화를 맞았다. 사람들은 이제 지하철 안에서 책을 읽지 않는다. 옆 사람과 대화하는 사람도 드물다. 다들 고개를 숙이고 스마트폰만 들여다볼 뿐이다. 사람들은 이제 눈 뜰 때부터 잠들 때까지 손에서 스마트폰을 놓지 않는다.

젊은이들은 신문이나 방송보다도 스마트폰으로 모든 정보를 얻는다. 예전엔 요금이 비싸 국제전화나 영상통화 이용을 자제했는데, 요즘은 스마트폰만 있으면 거의 무료로 전 세계 어디에 있든지 화상 통화가 가능하다. 은행 업무도 스마트폰으로 한다. 입출금과 송금 등 거의 모든 은행 업무가 가능하다. 홍채나 지문 인식 기능을 비롯한 생체인식 기능으로 비밀 보장이 가능하며 신용카드나 교통카드 기능도 있다.

소프트웨어인 각종 앱이 개발되면서 스마트폰의 무한한 가능성은 예측할 수 없을 정도다. 지금은 거의 모든 IT 기기의 허브 역할을 스마트폰이 하고 있다. 다양한 취미생활과 음악 감상 등 레포츠 활동에도 필수 장비로 응용이 가능하다. 스마트폰이 없는 세상을 이제는 상상할 수조차 없게 되었다.

1인 1컴퓨터 시대가 왔다

직장 생활을 하면서 직접 컴퓨터를 다루다가 승진하면서 직급이 올라가면 컴퓨터 사용을 점점 덜하게 된다. 이때부터 본인이 노력을 안하면 시대에 뒤떨어질 수 있다. 컴퓨터의 여러 기능을 스마트폰이 대신하고는 있지만, 문서 작성이나 각종 자료 보관 등은 화면이 작은 스마트폰으로는 아무래도 불편하다. 따라서 컴퓨터의 원리는 알 필요 없지만 간단한 사용 방법 정도는 익혀두어야 한다. 전원을 연결하고 인터넷선을 연결하고 필요에 따라서는 프린터와 연결할 줄 알아야 한다. 노트북을 쓰면 주변 기기와 무선으로 연결되므로 한결 간편하다.

빌 게이츠는 탁상용 컴퓨터를 개발할 당시 목표로 한 가정 컴퓨터 1대를 꿈꾸었다. 그때만 해도 실현 불가능할 것 같은 목표라고 생각했는데 지금은 스마트폰과 마찬가지로 1인 1컴퓨터의 시대가 되었다. 이제는 커피 전문점에서 노트북 컴퓨터를 가지고 공부하는 학생들의 모습이 낯설지 않다. 그러나 컴퓨터는 기계이므로 고장 나거나 바이러스에 감염될 수도 있다. 그러므로 컴퓨터의 중요한 자료는 항상 백업해 두는 습관을 가져야 귀중한 자료를 순간의 실수로 날리는 사고를 막을 수 있다.

SNS로 관계를 늘리자

SNS는 사회 관계망 서비스(Social Networking Service)의 약자로 사용자 간의 자유로운 의사소통과 정보 공유 그리고 인맥 확대 등을 통해 사회적 관계를 형성하고 강화해주는 온라인 플랫폼을 의미한다. 이제 우리는 스마트폰이나 컴퓨터를 이용해 가상공간에서 얼마든지 사적인 자신의 영역을 만들 수 있다.

사회 관계망 서비스를 이용하려면 네이버나 다음 등 주로 사용하는 포털사이트에 본인의 계정을 만들어야 한다. 이때 본인의 아이디를 정하고 비밀번호를 넣어서 가입하면 자동으로 메일 주소가 만들어진다. 이렇게 계정이 만들어지면 관심 있는 카페에 가입도 하고, 개인 블로그를 만들 수 있다. 스마트폰과 연계되므로 사진과 동영상도 공유할 수 있다. 데이터를 가상공간인 클라우드에 저장하면 언제 어디서나 필요할 때 사용할 수 있다. 가장 많이 가입되어 있는 페이스북과 트위터에 가입하여 활동해도 되고 인스타그램에 계정을 만들어 본인의 관심사를 공유할 수도 있다.

요즘은 유튜브에 엄청난 자료가 있어서 실생활에 필요한 정보를 동영상으로 얼마든지 볼 수 있다. 본인에 대한 정보가 너무 많이 노출될 수 있다는 단점도 있으나, 반대로 본인의 홍보나 비즈니스를 위한 공간으로 활용할 수도 있다.

음악 연습을 할 때도 곡명만 치면 연주 방법을 친절히 가르쳐주는 선생님들이 가상공간인 유튜브에 항상 대기 중이다. 세상을 왜 이렇게 복잡하게 살아야 하냐고 묻는 사람도 있지만, 모르고 활용하지 못하는 것보다는 알면서 활용하는 것이 시대에 맞게 지적으로 성장하는 길임을 명심하자.

인공지능은 진화한다

인공지능(AI: Artificial Intelligence)은 현재 가장 빠른 속도로 발전이 진행되는 분야다. 컴퓨터가 딥러닝(Deep Learning) 기술을 통해 사람처럼 스스로 학습하기 시작했기 때문이다. 컴퓨터는 이제 사람의 뇌처럼 인공신경망을 통해 사물이나 데이터를 분류하면서 학습하고 발전한다. 우리가 그동안 공상과학영화에서 보았던 미래가 현실로 다가오고 있는 것이다.

우리의 명령으로 순종하는 인공지능 기기는 미래에 가장 친한 친구가 될 수 있다. 현재는 대화가 가능한 작은 인공지능 스피커 정도의 장난감 수준이지만, 변화 속도가 획기적인 만큼 얼마나 놀라게 할지 알 수 없다.

TV 프로그램에 탤런트 김용건과 몇몇 여배우가 인공지능 스피커를 가운데 두고 신기해하는 장면이 나온 적 있다. 인공지능과 대화하면서 신기해하는 모습은 라디오가 처음 세상에 나왔을 때 그 안에 조그만 사람이 있었다고 생각했던 옛날 사람들을 떠올리게 했다. 지금은 인공지능이 간단한 정보만 검색해서 음성으로 알려주지만, 더 발전되면 대화와 감정을 교감하는 살아 있는 생명체처럼 친구 노릇을 할지도 모른다.

만약 본인에 대한 목소리를 비롯한 모든 자료를 인공지능의 딥러닝으로 학습시키면 또 다른 '내'가 탄생하는 것이다. 본인 사망 후 후손들이 이 인공지능과 대화를 하면 본인이 살아 있을 때와 똑같은 목소리로 같은 생각을 가지고 대화가 가능해질지도 모른다. 여기에 로봇 기능까지 접목시키면 불로장생의 시대가 올 수도 있다. 생각하기에 따라서 인공지능이 가져올 미래는 유토피아도, 디스토피아도 될 수 있다.

무선으로 통한다

블루투스(bluetooth)란 근거리 무선통신을 말한다. 요즘 나오는 전자기기는 대부분 블루투스가 지원된다. 집 안의 가전제품도 외부에서 스마트폰으로 제어가 가능하고, 자동차 시동도 무선으로 걸고, 휴대폰도 차만 타면 핸즈프리 기능이 무선으로 연결된다. 카메라로 사진을 찍으면 어디라도 실시간으로 보낼 수 있다. 두 기기를 무선으로 연결하기 위해서는 페어링 작업을 해야 하는데 비교적 간단한 작업이다. 전 세계 공통의 표준 규격이므로 어느 기기든 블루투스를 지원하면 자유롭게 연결할 수 있다. 이러한 기능이 필요 없을 수도 있으나 사용하면 편리한 기능들이다.

요즘 세상의 편리함은 예전엔 임금님도 누려보지 못한 신세계다. 온도와 습도가 자동으로 조절되는 집에서 인공지능과 대화하며, 실제보다도 더 생생한 화면을 통해서 전 세계와 소통할 수 있다. TV 프로그램

〈나는 자연인이다〉에 나오는 자연인처럼 세상을 등지고 산속에 들어가 살면 IT 기기가 전혀 필요하지 않을 수도 있다. 그러나 활동적인 시니어로서 속세에 적을 두고 산다면, 생활에 편리한 IT 기기를 적극 사용해보라고 권하고 싶다.

하고 싶은 일 망설이지 말고 저지르고 살자

되돌아보니 이것저것 참 다양한 취미생활을 많이 했다. 이번엔 책까지 쓴다 하니 주변의 반응은 두 가지였다. "하다하다 별걸 다 하네"라고 말하는 친구들과 "그래, 너만큼 다양하게 논 사람도 없으니 글로 남겨두면 좋을 거야" 하고 격려해주는 친구들. 그중 후자가 좀 더 많아 용기를 얻었다.

그런 친구들의 격려에 힘입어서 처음 해보는 책 쓰기에 도전했다. 물론 라온북 출판사 조영석 소장의 권유와, 매주 글쓰기를 코칭해준 김옥경 부장의 도움이 컸다. 하루하루 원고를 써가면서 나는 또 다른 재미를 느꼈다. 레포츠 못지않은 정신적인 재미가 있었고, 인생의 활력소가 되었다. 주변에는 나보다 더 다양한 경험을 가진 활력 넘치는 시니어가 많다. 그들보다 한 발 먼저 책을 펴내서 그 재미난 느낌을 전하고 싶다.

인생의 깊이는 살아온 세월의 날수가 아니라 많은 경험과 시행착오와 도전으로 가늠할 수 있다. 그런 과정들이 그 사람의 삶을 풍부하게 해주고 깊이 있게 만들어준다.

나는 태어나서 죽을 때까지 직선으로 이어지는 삶보다는 사회 규범과 본인의 양심 사이에서 좌충우돌해가며 다양하게 인생을 즐기는 것을 좋아했다. 살아온 그 선을 쭉 연결하여 직선으로 만들면 전체 길이가 보통 사람보다 두세 배는 길 것이라고 자신한다.

그동안 나는 호기심을 지니고 있었던 일들 중에서 재미난 일이 있으면 일단 시작부터 해보는 버릇이 있었다. 돈 버는 일보다 재미난 일을 찾아다녔다. 그래서 풍족하진 않지만 아내의 내조로 그럭저럭 살고 있다. 아이들에게도 하고 싶은 일이 있으면 해보며 살라고 적극 권한다. 결국 그들의 인생은 그들의 것이고, 책임도 그들의 몫이 될 테니.

다양한 취미생활에 도전하고 즐기면서 취미생활의 깊이에도 신경 썼다. 그냥 주마간산식으로 폼만 잡고 맛만 보는 것은 싫었다. 어떤 취미나 레포츠를 하더라도 그 깊이가 있기 때문에 미쳐보지 않고서는 그 내면의 세계를 이해할 수 없다. 한 가지에 몰두하다 보면 그 나름대로 상당히 깊은 내공을 쌓을 수 있다. 그래서 제대로 공부하고 익혀서 그 세계에 빠져보려고 노력했다.

취미생활을 하면서 다양한 자격증도 땄다. 경비행기 조종사 면허증, 아마추어 무선사 자격증, 스쿠버다이빙 자격증, 패러글라이더 자격증, 산악마라톤 완주증, 와인스쿨 수료증, 최면치유사 자격증 등등. 자격증이 없는 레포츠나 취미생활도 많이 있다. 그러나 그 세계에 빠져보지 않고서는 그 세계의 깊이를 알 수 없다. 모르면서 남의 취미생활을 논할 수는 없는 것이다.

예전에 산악인 허영호 씨가 에베레스트에서 조난당한 일본인을 구하지 않았다고 비판하는 일본 언론을 향해 이렇게 일갈한 적 있다.

"해발 8천 미터에 올라가보지 못한 사람은 그 세계를 이야기하지 마라."

상대방의 경지에까지 이르지 못했다면 그 세계를 안다고 할 수 없다. 인생을 가치 있게 열심히 살아온 시니어들이 이 책을 통해 제2의 인생에서 새로운 재미를 찾는 계기를 만날 수 있으면 좋겠다.

내 블로그 타이틀에 쓴 글귀로 이만 마치겠다.

'인생은 즐겁게만 살기에도 짧은 세상, 하고 싶은 일 하면서 재미있게 살자.'

2019년 홍동수

VIVA GREY

라이프 밸런서

김진우 지음 | 14,000원

**셀럽들의 건강과 생활 습관을 책임지고 있는 국내 1호
life balancer 김진우가 알려주는,
건강하고 균형 잡힌 삶을 위해 당신이 할 일들**

과거에는 PT가 나에게 맞는 운동을 설계해주는 '맞춤형 운동 전문가'의 개
념이었다. 그러나 단순히 하나의 솔루션으로 건강을 담보할 수 있는 지금
은 '균형 잡힌 삶을 설계해주는 인생 파트너'의 개념으로 바뀌고 있다. 더
좋고, 있어보이는 라이프스타일은 찾아 헤매면서 정작 자신의 삶을 좌우
하는 몸과 마음의 라이프밸런스는 왜 신경 쓰지 않는가? 저자 개인의 경
험과 셀러브리티들의 삶의 밸런스를 관리해준 사례를 통해 평범한 사람도
일-건강-생활의 균형을 찾을 수 있도록 구체적인 방법을 제시하는 이 책
을 통해 독자들도 더욱 행복한 삶을 살 수 있을 것이다.

완벽하지는 않지만 괜찮은 여행

홍일곤, 강영수 지음 | 13,800원

**나이 드는 것이 즐겁다!
인생 2막, 죽을 때까지 재미있게 여행하며 사는 법**

나이 들어서도 여행을 하며 즐겁게 사는 법을 알려주는 노부부의 여행 에
세이다. 젊은이들이 꿈꾸는 삶을 살고 있는 홍일곤, 강영수 부부는 돈이
많아서 혹은 자식이 보내주는 돈으로 여행하는 것이 아니라, 70대의 나이
에도 호텔을 직접 찾아 예약하고, 현지에서 시장을 가 식재료를 구하고 요
리를 해 여행 경비를 절약해 세계 곳곳을 여행했다. 이들의 여행 이야기는
즐겁게 살기 위해 여행을 결심했으나 무엇부터 해야 할지 모르는 이들에게
여행 가이드북.

그레이트 그레이

지성언 지음 | 15,000원

가슴 뛰는 일을 하면 평생 젊게 살 수 있다!
당당하고 거침없이 두 번째 파도에 올라서라

어쩌다 보니 서른이고, 정신 차려보니 마흔이고, 쉼 없이 달리니 어느 덧 인생 2막을 앞둔 나이다. 현대인은 스스로 예상했던 것보다 훨씬 더 오래 살 것이다. 그러나 길어진 세월을 어떻게 살아가야 하는지는 그다 지 깊이 생각해보지 않은 게 사실이다. 장수시대에 아무런 대비 없이 2 막을 맞게 되면 길을 잃고 헤맬지도 모른다.

저자는 30년 넘게 중국 주재원에서 법인장까지 지내다가 은퇴 후 스타 트업 기업에 공동대표로서 현역에서 뛰고 있는 열혈 시니어다. 환갑에 길거리 캐스팅되어 모델로 데뷔할 정도로 패션 피플이기도 하다. 인생 후반에도 평생 현역이고 싶은 사람들에게 그의 삶은 '인생 2막 이정표' 가 될 것이다.

40대부터
준비하는
50대 퇴직 라이프
플랜

서드 피리어드

장영환 지음 | 13,800원

100세 시대, 60세 이후 세 번째 인생을 준비하라
30040이 반드시 갖추어야 할 34가지 생존 기술!

100세 시대 우리나라 국민 중 퇴직 후 생활이 준비된 사람은 불과 2.2 퍼센트에 불과하다. 준비가 안 된 사람들에게 100세 시대는 축복이 아 닌 공포로 느껴지고 있다. 은퇴 이후에 어떤 준비를 해야 할지 걱정되 는 직장인을 위해 저자는 인생의 생애주기를 4단계로 나누어, 각 단계 의 연령대에 따라 어떤 기준으로 준비해야 하는지 상세하고 구체적으로 설명하고 있다. 퇴직 이후를 걱정하는 이들에게 이 책은 생존을 위한 경제적인 능력과 함께 가치 있는 삶을 어떻게 준비해야 하는지 길을 제 시해줄 것이다.

돈 걱정 없는
100세를 꿈꾸는
당신을 위한
필독서